本书出版得到

国家重点文物保护专项补助资金资助

煌煌锦绣

沂南河阳墓地出土丝织品保护修复与研究

山东省文物保护修复中心　编著

文物出版社

北京 · 2017

图书在版编目（CIP）数据

煌煌锦绣：沂南河阳墓地出土丝织品保护修复与研究 / 山东
省文物保护修复中心编著. —— 北京：文物出版社，2017.11

ISBN 978-7-5010-5421-3

Ⅰ.①煌… Ⅱ.①山… Ⅲ.①古丝绸—出土文物—文物保护
—研究—沂南县—清代 Ⅳ.①K876.94

中国版本图书馆CIP数据核字（2017）第279025号

煌煌锦绣——沂南河阳墓地出土丝织品保护修复与研究

编　　著：山东省文物保护修复中心

责任编辑：刘　昶
封面设计：李　红
责任印制：苏　林

出版发行：文物出版社
社　　址：北京市东直门内北小街2号楼
邮　　编：100007
网　　址：http://www.wenwu.com
邮　　箱：web@wenwu.com
经　　销：新华书店
印　　刷：河北鹏润印刷有限公司
开　　本：889mm×1194mm　1/16
印　　张：18.5　插页4
版　　次：2017年11月第1版
印　　次：2017年11月第1次印刷
书　　号：ISBN 978-7-5010-5421-3
定　　价：390.00元

Lustrous Brocade and Embroidery

Conservation and Restoration Study of Silk Fabrics
From Heyang Tombs, Yinan County

(With an English Abstract)

Edited by

Shandong Conservation of Cultural Relics Center

Cultural Relics Press

Beijing · 2017

内容提要

为配合城中村减挂钩试点项目——沂南河阳社区民生工程建设，2013 年 6 月 9 日至 7 月 26 日，山东省文物考古研究院、荆州文物保护中心联合临沂市、沂南县文物部门，抢救性发掘了三座清代墓葬，从 M1 中室和 M3 二室棺内发现大量丝绸织物，随即进行了初步清理。

2015 年 10 月至 2017 年 3 月，由山东省文物保护修复中心、荆州文物保护中心和沂南县博物馆联合成立项目组，对文物实施了保护，修复的纺织品包括帽、衫、袄、褂、袍、裤、靴、袜、腰带、丝带、被、褥等。在保护修复过程中，工作人员对丝织品文物的显微结构、花纹图案、服装款式、剪裁工艺等信息进行了深入分析研究。

这批精美的丝织品款式多样、织造细腻、纹样复杂，对研究沂南县当地清代望族家族墓地的葬俗、礼仪、婚姻、服饰风俗等提供了珍贵的实物资料。

本书是对山东沂南河阳社区墓地出土丝织品考古发掘、现场保护、实验室保护修复过程的全面梳理，以期将丝织品的保护与研究较全面地呈现出来。

Abstract

From June 9 to July 26, 2013, the Institute of Cultural Relics and Archaeology in Shandong province and the Cultural Relics Protection Center of Jingzhou, in partnership of the community livelihood project of Heyang, Yinan County and the City of Linyi, rescue excavated three tombs of the Qing Dynasty, and conducted preliminary clean-up. The work uncovered a large number of silk fabrics from two rooms of M3 and the middle chamber coffin of M1.

Between October 2015 and March 2017, a project team was set up jointly by the Shandong Conservation of Cultural Relics Center, the Cultural Relics Protection Center of Jingzhou and Yinan County Museum to protect cultural relics. The rehabilitated textile relics include hats, shirts, jackets, gowns, robes, pants, boots, socks, belts, ribbons, quilts, beddings, etc. Alongside protection and restoration, the staff conducted in-depth analysis on the microstructure, decorate pattern, dress style and tailoring of silk relics.

These exquisite silk fabrics are diverse in style, delicate in construction and complex in pattern. They provided valuable physical materials for studying the burial customs, etiquette, marriage, and custom of dress of distinguished family tombs from the Qing period in Yinan County.

This book hopes to present an overview of the protection and research efforts of silk fabrics through a comprehensive study of the archeological excavations, on-site and laboratorial protection and restoration of the silk fabrics excavated from the graveyard of Heyang community in Yinan County, Shandong Province.

目　录

序

　　《煌煌锦绣——沂南河阳墓地出土丝织品保护修复与研究》一书以山东沂南河阳社区墓地出土丝织品保护修复项目为依托，全面梳理了丝织品文物的考古发掘、现场保护、实验室保护修复。同时，将保护修复过程中提取的文物信息进行总结归纳，较全面地研究了文物的工艺特征和价值内涵。本书的出版，为同类项目的实施提供了很好的借鉴，这种既注重保护修复又注重分析研究的工作模式值得推广。

　　据第一次全国可移动文物普查报告显示，山东省共登录558万余件可移动文物。由于文物自身材质老化、外界环境变化以及人为因素等影响，目前，这些可移动文物总体健康状况堪忧。根据2015年山东省178个文博单位的文物保存状况统计，保存完好的文物仅占55.98%，存在病害的占28.07%，濒危的占15.95%。濒危类别的文物主要有：纺织品、古籍、书画、漆木器、壁画、金属等。可以说，有大量的可移动文物亟待修复。

　　为加强全省可移动文物保护修复工作，2015年2月，山东省委、省政府批准成立了"山东省文物保护修复中心"。该中心为山东省文物局所属正处级公益一类事业单位，主要职责是承担全省可移动文物保护修复的有关工作，包括文物修复的研究、技术推广、学术交流和培养文物保护修复人才。山东省文物保护修复中心在成立两年多的时间里，负责管理实施的可移动文物保护项目已有七十余项，在开展项目的过程中，文物保护修复人员不仅注重科学的分析检测、有效的修复，而且注重研究文物内在的信息，在保护文物的同时，深入阐释了文物蕴含的历史、艺术和科学价值。尽管修复中心做了大量工作，工作做得也很好，但是与山东省存在的大量待修复可移动文物数量相比，显得杯水车薪，需要全社会共同参与，才能完成这项艰巨的任务。希望更多的专业人才能够加入到这个行列中，为传承和保护人类文化遗产贡献力量。此外，要全面推进文物保护利用与传承发展，还必须加强基础理论研究，不断推进科技创新，充分运用现代科学技术保护文化遗产，妥善处理好文物保护、传承、利用和发展之间的关系。

　　祝愿山东省文物保护修复中心在今后的工作中，勇敢承担起全省可移动文物保护修复工作的重任，不断取得新的佳绩。

周晓波

2017年9月

第一章　发掘概况

为配合城中村减挂钩试点项目——沂南县河阳社区民生工程建设，2013 年 6 月 9 日 ~ 7 月 26 日，山东省文物考古研究院联合临沂市、沂南县文物部门，在山东沂南河阳社区北村墓地抢救性考古发掘了三座清代墓葬，出土了一批精美文物。

1.1　考古发掘情况

河阳社区北村墓地位于沂南县大庄镇河阳北村村中一凸起的台地上，古地名称"北棋盘"。该墓地西 100 米隔滨河大道与沂河相望，东 50 米为市级重点文物保护单位"白龙桥"遗址。玉交河经墓地的东部通过白龙桥自南向北流淌。墓地地理坐标东经 118°26′00″，北纬 35°26′46″。（图 1-1）

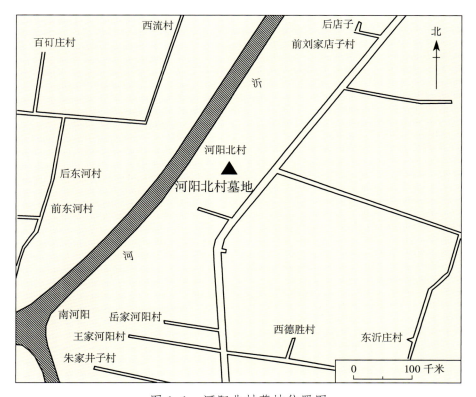

图 1-1　河阳北村墓地位置图

　　新中国初期，该墓地仍有 6 米多高的封土，封土之上植被茂盛。20 世纪 50~70 年代，先后有河阳铁木业社、河阳区政府、村小学等建筑坐落在墓地的周边，故高大的封土几年内被夷为平地，局部裸露白砂灰墓顶。

　　受山东省文物局委托，由山东省文物考古研究院领队，临沂市文物局、沂南县文化广电新闻出版局文物管理所配合组成联合考古队，承担该墓地的抢救性考古发掘任务。

　　发掘过程严格按照国家文物局颁布的《田野考古操作规程》进行。因该墓葬是采用白砂灰灌浆工艺浇灌而成，墓顶层厚、硬度大且柔韧性强，故采用风钻钻孔和人工劈凿的工作方法进行发掘。

　　墓地施工时发现两座墓葬，后经考古勘探又发现一座，三墓平面呈"品"字形分布，编号为 M1~M3。

　　三墓均为一夫多妻合葬墓，形制为长方形土坑竖穴，白砂灰灌浆版筑椁木棺墓。

　　M1 位于墓地西侧，白砂灰墓顶长 5.75、宽 4.40 米，为一墓三室。从置放于壁龛的随葬品观察，中室为夫，左右两侧为妻妾。三室的形制结构完全相同。墓室四壁各设置一个壁龛，中室底部两侧均设有两个神门道，贯通妻妾左右两室。可以清晰辨别下葬的早晚关系，每间墓室各自封顶且自南向北叠压，下葬时间自北向南渐晚。

　　M1 中室、南室木棺保存完好，壁龛中置放奁盒、铜镜、锡灯、锡罐、砚台等。除奁盒保存状况较差外，其余均保存完好。由于这两室棺木保存完好，后整体提取运送至沂南县博物馆，待室内提取整理。北室棺木腐朽严重，进行了现场清理。在清理过程中，发现该墓为二次迁葬，内置一牌位，上书"皇清例增孺人刘母张太君享年二十六岁之灵柩"。在墓室的底部发现凌乱的人

图 1-2　M1 墓葬埋藏状况（由西向东拍摄）

骨，腐朽严重，仅能辨别盆骨、肢骨、头骨等。在墓室的中部先后清理出金耳环、银戒指、银簪等。（图1-2）

　　M2位于墓地的东部，白砂灰墓顶长6.25、宽4.35米，为一墓三室。从随葬品分析，中室为夫，左右两侧为妻妾。三室的形制结构完全相同。墓室的东西南三面各设置一壁龛，中室底部均设有神门道，贯通左右两侧墓室。从M2白灰砂浆浇灌的墓顶形状观察，未体现出下葬先后顺序，有可能先下葬的墓室做简单的封顶，待三个墓室完全下葬后才形成一个完整的墓顶。

　　M2三个墓室中，西室早年被盗扰，盗墓者凿开白砂灰墓顶，锯开棺的侧板，进入棺内洗劫一空，然后利用神门道的有限空间锯开中室的西侧板，未打开棺盖板，盗掘情况不详。由于该棺木保存状况较好，加之棺盖板上写有文字，为便于更好地保护，未现场清理，后运送至沂南县博物馆内保护。在中室的壁龛内先后发现有砚台、墨块、瓷罐等遗物。东室棺木保存状况较差，侧板、底板整体倾斜，局部腐朽塌陷，不能整体提取，故作现场清理。该棺内衣物覆盖物完全腐朽，仅存人骨。人骨保存状况较好，头向南仰身直肢葬。在墓主人的头向位置，清理出金耳环、银簪、银钗、银莲花嵌珠钗等头饰品。（图1-3）

　　M3位于墓地的南侧，白砂灰墓顶长8.00、宽4.50米，为一墓四室。从置放于壁龛的随葬品观察，自西向东第二室为夫，其余均为妻妾。这四室的形制结构完全相同，墓室四壁各设置一壁龛，按自西向东的顺序排列，西三室东侧壁的底部均设有一个神门道，自西向东贯通四个墓室，其中一、二、三室为同一白砂灰墓顶，四室为独立的白砂灰墓顶且叠压在三墓室封顶之上。

　　M3四室中，自西向东一、二、四墓室棺木保存完好，被整体提取置放在沂南县博物馆内。棺盖板之上未发现字样，仅在棺盖板的侧面饰龙凤呈祥等图案。在以上三室壁龛内先后发现食盒、

图1-3　M2墓葬埋藏状况（由北向南拍摄）

图 1-4　M3 墓葬埋藏状况（由南向北拍摄）

铜镜、锡灯、锡罐、砚台、玉章料等文物，保存状况均完好。第三室棺木保存状况较差，未能整体提取，仅做现场清理。打开棺盖板发现尸体覆盖物完全腐朽，仅存人骨。人骨保存状况较好，头向南仰身直肢葬，在墓主人的头向位置先后清理出各类头饰品，如：银钗、银簪、银髻、镂孔花纹银钗、银镯等，其中镂空鎏金戒指装饰的龙虎图案，惟妙惟肖，制作精美。（图 1-4）

对这三座墓葬的形制结构进行综合分析，M1 与 M3 的形制非常接近，墓室四壁均设置壁龛，其神门道、壁龛尺寸大致吻合，壁龛随葬品的放置也具有相同规律，稍有不同的是 M3 棺盖板上未发现书写文字，但棺盖板的侧面饰龙凤呈祥图案。M1 南室、中室棺盖板之上写有文字，未发现图案。M2 墓葬的形制结构与 M1、M3 略有不同，墓室内仅东、西、南三面设有壁龛，其尺寸与 M1、M3 略有差别。壁龛内放置的随葬品也不尽相同。M2 中室、东室壁龛内各置放一个瓷罐，但 M1、M3 中未发现瓷器。仔细观察 M2 白砂灰内所含的成分与 M1、M3 也有质的差别。

综上所述，M1、M3 墓室的设计修建应出自同一批工匠，年代也略早于 M2。从墓内出土大宗精美的文物及棺盖板上书写的文字分析，应为清代家族墓地，在沂、沭河流域乃至临沂市区应为首次发现，这批墓葬的发掘与今后的资料整理无疑对研究清代家族墓地的葬俗、礼仪、婚姻、铸造雕刻艺术和服饰风格提供了一份不可多得的实物资料。

1.2　出土丝织品文物清理概况

为进一步了解沂南河阳墓地木棺形制结构及棺内保存状况，根据山东省文物局安排，2013 年 7 月下旬，由荆州文物保护中心、中国科学技术大学科技史与科技考古系、山东省文物考古研究院、临沂市文物局、沂南县文广新局联合对三座墓葬出土棺木进行清理。由于 M1 中室和 M3 二室棺内丝绸织物保存较好，故对这两个棺内随葬物品进行了细致的清理和保护。

清理工作聘请荆州文物保护中心魏彦飞博士、中国科学技术大学科技史与科技考古系李力博士，以及沂南县公安局解剖专家为现场指导。

棺木内织物处于棺液完全浸泡状态，表面残留大量污物。按照专家建议，专门搭建文物清理平台，先清理棺内污水，再将塑料布覆盖在木板上，插入棺木底部，将棺内的尸骨和丝织品整体抬出木棺，放置于平台上，然后使用纯净水对衣物进行初步清理。（图1-5~1-8）

图1-5　搭建清理平台

图1-6　M1中室棺内情况

图 1-7　M3 二室棺内情况

图 1-8　整体提取棺内文物

　　按照从上到下、由外及里的清理顺序。首先提取官帽、头部两侧的衬垫衣物；然后提取脚部两侧的衬垫衣物；最后清理、揭展穿着衣物，利用竹片、镊子等工具将衣服小心地分层剥离、展开，取下靴袜之后，分离、揭展裤子，每层衣服揭展后，均照相、录像留取资料。

　　待正面衣服揭开后，再将人骨及衣服整体翻转 180°，依次揭取上衣及裤子。（图 1-9~1-14）

　　M1 中室和 M3 二室棺内共清理出土 37 件（套）精美丝织品。揭展后，平放于覆盖塑料布及宣纸的木板上，表面覆盖宣纸存放于临时恒温库房内。（图 1-15、1-16）

图 1-9　现场清理情况

图 1-10　局部揭展丝织品

图 1-11　M1 服装正面揭展状况

图 1-12　M1 服装背面揭展状况

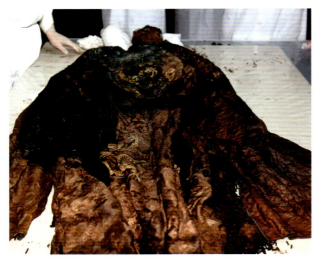 

图 1-13　M3 服装正面揭展状况　　　　　　　图 1-14　M3 服装背面揭展状况

图 1-15　整理揭展出的单件服装

图 1-16　出土丝织品临时存放库房

1.3　沂南河阳社区墓地出土丝织品保护修复项目申报来源

通过前期病害调查及其相应分析测试发现，这批珍贵的丝织品文物存在着不同程度的多种病害，急需保护修复。2013 年 12 月，沂南县文化广电新闻出版局委托荆州文物保护中心联合山东省文物考古研究院开展丝织品文物的前期研究，在此基础上编制保护修复方案。2014 年 3 月，沂南县文化广电新闻出版局向临沂市文化广电新闻出版局报送编写完成的方案，并请求转呈山东省文物局和国家文物局。经审核，2015 年 4 月，方案获得国家文物局批准（文物博函〔2015〕1503 号）。2015 年 10 月，沂南县博物馆特委托山东省文物保护修复中心实施此项目。同月，山东省文物保护修复中心编制《山东沂南河阳社区墓地出土丝织品保护修复实施方案》，启动保护修复工作。

第二章　丝织品文物前期调查与检测

2.1　丝织品现状调查评估

对该批 37 件（套）丝织品文物的调查发现，形制基本保存完整，但存在污染、晕色、褪色、皱褶、水迹和金粉脱落等病害，其中污染、晕色和褪色病害最为严重。（表 2-1）文物出土后已进行初步整理，存放于沂南县博物馆的库房中，但受库房条件限制，温湿度等环境条件控制能力较差。

2.1.1　污染

丝织品出土时墓葬环境中存在大量积水，导致墓葬中多种物质混合在一起，沉积在外层丝织品表面，形成大量污染病害，严重影响文物的安全保存和视觉效果。表层丝织品存在通体大量污染物沉积，靠近里层的丝织品由于外层污染物的渗透，以及里层尸体腐败物质的污染，在丝织品局部也呈现出严重的污染病害。（图 2-1~2-4）

2.1.2　粘连

丝织品文物出现的粘连病害，主要集中在靠近尸体里层丝织品之间，根据现场病害调查发现，引起粘连的主要物质是血渍和尸体腐败产物。（图 2-5、2-6）

表 2-1　丝织品文物信息及病害调查评估表

序号	名称	编号	病害	程度
1	靴	M1：21	破裂、污染、糟朽、皱褶	重度
2	靴	M1：22	破裂、污染、糟朽、皱褶	重度
3	帽缨	M1：24	粘连、糟朽、污染	中度
4	帽	M1：25	污染、糟朽、皱褶	中度
5	帽	M1：28	破裂、残缺、糟朽、皱褶、污染	重度
6	被	M1：30	糟朽、污染、皱褶	重度
7	袍	M1：32	糟朽、破裂、污染、皱褶	重度

序号	名称	编号	病害	程度
8	袍	M1：33	糟朽、污染、皱褶、金粉剥落	重度
9	马甲	M1：34	污染、糟朽、皱褶	中度
10	袍	M1：35	糟朽、污染、皱褶	重度
11	袍	M1：36	污染、糟朽、皱褶	重度
12	裤	M1：37	污染、糟朽、皱褶、褪色	重度
13	腰带	M1：38	污染、糟朽、皱褶	重度
14	束手丝带	M1：39	糟朽、污染、皱褶	重度
15	束手丝带	M1：40	污染、糟朽、皱褶	重度
16	褥	M1：41	污染、糟朽、皱褶	重度
17	袍	M1：42	污染、糟朽、皱褶	重度
18	袍	M3：29-1	污染、糟朽、皱褶	重度
19	褂（头部枕套）	M3：29-2	污染、糟朽、皱褶	重度
20	袍	M3：29-3	污染、糟朽、皱褶	濒危
21	帽	M3：30	污染、糟朽、皱褶	重度
22	袍（脚垫布）	M3：31	污染、糟朽、皱褶	重度
23	袍（脚垫布）	M3：32	污染、糟朽、皱褶	重度
24	被	M3：34	糟朽、污染、皱褶	重度
25	束手丝带	M3：35	污染、糟朽、皱褶、粘连	重度
26	束手丝带	M3：36	污染、糟朽、皱褶、粘连	重度
27	靴	M3：39	破裂、残缺、糟朽、皱褶	重度
28	靴	M3：40	破裂、残缺、糟朽、皱褶	重度
29	腰带	M3：41	污染、糟朽、皱褶	重度
30	褥	M3：42	污染、糟朽、皱褶	重度
31	袍	M3：48	破裂、污染、糟朽、皱褶	濒危
32	袍	M3：49	污染、糟朽、皱褶、金粉剥落	濒危
33	袍	M3：51	污染、糟朽、皱褶、金粉剥落	濒危
34	褂	M3：52	污染、糟朽、皱褶、饱水、粘连	濒危
35	袍	M3：53	污染、糟朽、皱褶、饱水、粘连	濒危
36	裤	M3：54	污染、粘连、糟朽、皱褶	重度
37	腰带	M3：55	污染、粘连、糟朽、皱褶	重度

注：在前期调查时，文物名称均按照出土时的临时定名进行标注。

图 2-1　袍（M3：48）通体污染情况

图 2-2　袍（M3：29-1）通体污染情况

图 2-3　袍（M3：31）局部污染情况

图 2-4　袍（M1：33）局部污染情况

2.1.3　破裂

少部分丝织品存在破裂病害，需要在进行清洗、加固以及整理之后，进行适宜的修复处理。（图 2-7）

2.1.4　皱褶

这批丝织品普遍存在皱褶病害，给文物安全带来极大隐患，同时影响文物的整体视觉效果。（图 2-8、2-9）

图 2-5　裤（M3：54）、腰带
　（M3：55）粘连情况

图 2-6　褂（M3：52）、袍（M3：53）粘连情况

图 2-7　袍（M1：32）破裂情况

图 2-8　袍（M3：49）整体皱褶情况

图 2-9　袍（M3：49）局部皱褶情况

图 2-10　袍（M3：49）龙纹金粉脱落情况

2.1.5　金粉脱落

袍（M1：33）、袍（M3：48）、袍（M3：49）出现金粉脱落情况，需要在清洗、加固等保护处理前进行金粉固定，以避免或减少处理过程中金粉脱落。（图 2-10）

2.2　丝织品检测分析

针对这批出土丝织品的材质、劣化程度、污染物等情况进行检测分析，以此作为保护修复使用方法和材料选择的依据。

2.2.1　材质鉴定

通过观察纤维横截面和纵向的扫描电子显微镜图片，判断纤维的材质种类。（图 2-11~2-17）

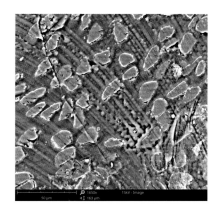

图 2-11　靴（M1∶21）纤维的横截面扫描电镜图

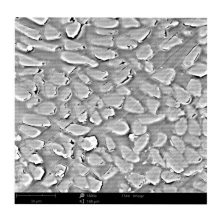

图 2-12　束手丝带（M1∶40）纤维的横截面扫描电镜图

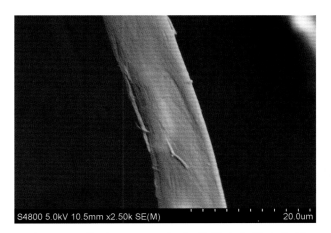

图 2-13　靴（M1∶21）纤维纵向扫描电镜图

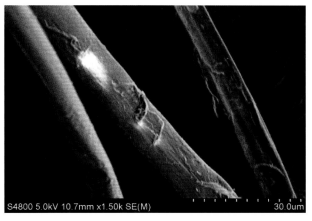

图 2-14　束手丝带（M1∶40）纤维纵向扫描电镜图

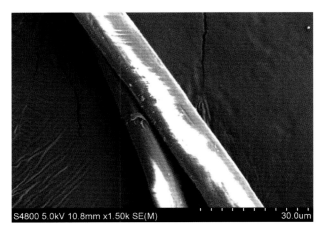

图 2-15　袍（M3∶29-3）纤维纵向扫描电镜图

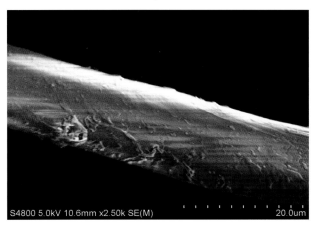

图 2-16　马甲（M1∶34）纤维纵向扫描电镜图

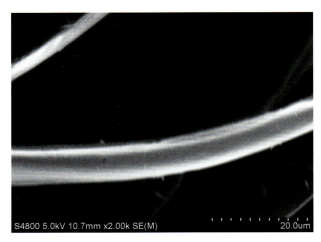

图 2-17　束手丝带（M1：39）纤维纵向扫描电镜图

如图 2-11~2-17 所示，纤维横截面近似圆角的三角形，纵向呈圆柱形，无鳞片、结节等形态，直径为 10~15 微米，纤维的微观形态符合蚕丝特征。因此，可以推测所使用的纺织原料为蚕丝纤维。

同时，通过傅里叶变换红外光谱法分析特征吸收峰，进一步判断纺织原料的材质种类。（图 2-18~2-29）

这批丝织品样品的红外光谱图中均出现如下特征峰：在 1690 ~ 1600 cm^{-1} 处出现 –C ＝ O 伸缩振动所产生的特征吸收谱带（酰胺

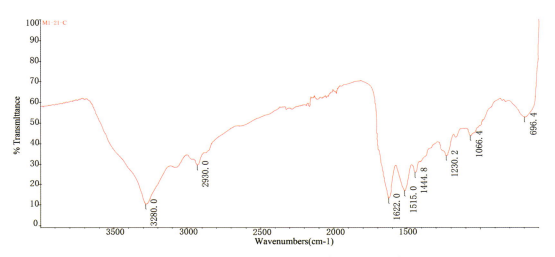

图 2-18　靴（M1：21）纤维样品红外光谱图

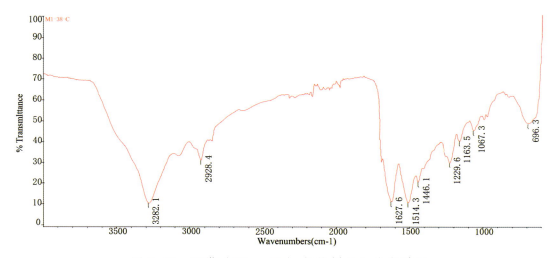

图 2-19　腰带（M1：38）纤维样品红外光谱图

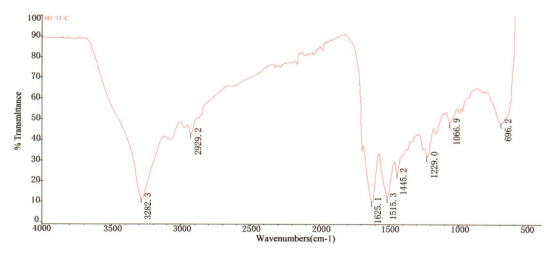

图 2-20　马甲（M1：34）纤维样品红外光谱图

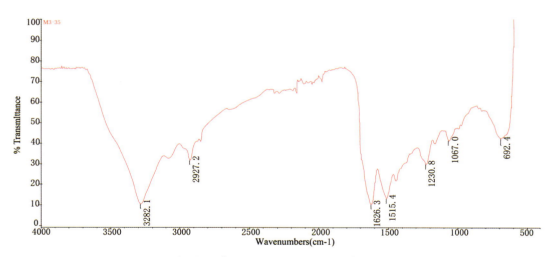

图 2-21　束手丝带（M3：35）纤维样品红外光谱图

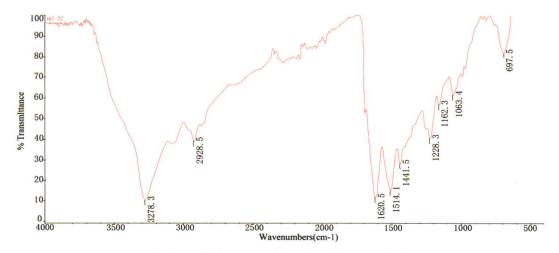

图 2-22　靴（M1：22）纤维样品红外光谱图

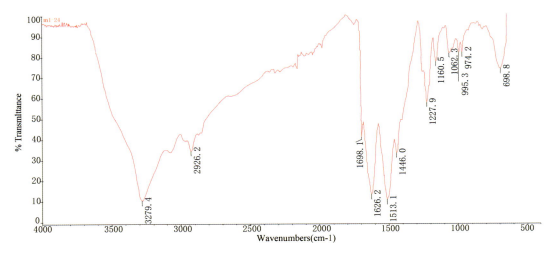

图 2-23 帽缨（M1∶24）纤维样品红外光谱图

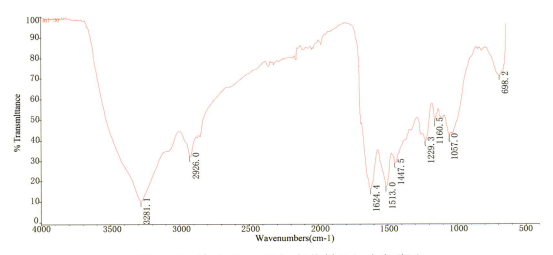

图 2-24 被（M1∶30）纤维样品红外光谱图

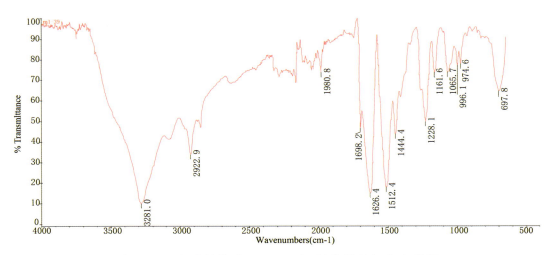

图 2-25 束手丝带（M1∶39）纤维样品红外光谱图

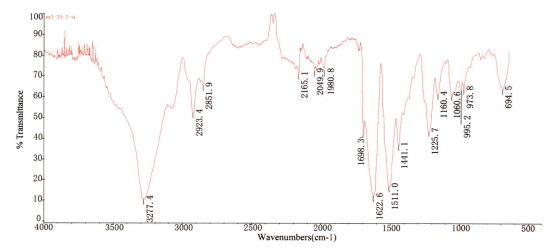

图 2-26　褂（M3：29-2）纤维样品红外光谱图

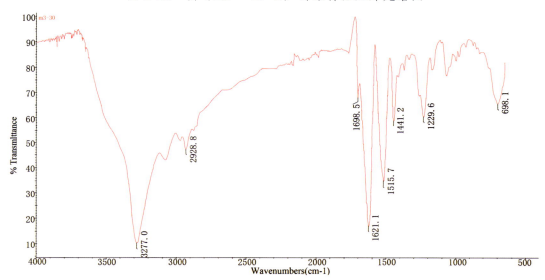

图 2-27　帽（M3：30）纤维样品红外光谱图

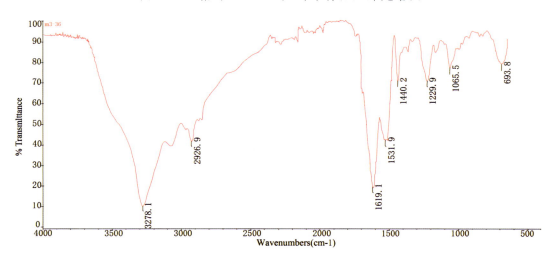

图 2-28　束手丝带（M3：36）纤维样品红外光谱图

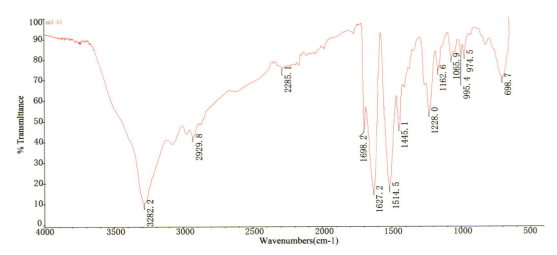

图 2-29　袍（M3 ：51）纤维样品红外光谱图

表 2-2　丝纤维官能团的特征吸收峰

吸收峰位（cm⁻¹）	吸收峰归属
3277.9	–NH 伸缩振动
2969.2	–CH$_3$ 伸缩振动
2933.6	–CH$_2$– 伸缩振动
1619.9	–C ＝ O 伸缩振动（酰胺Ⅰ）
1514.8	–NH 面内变形振动和 –CN 伸缩振动（酰胺Ⅱ）
1229.2	–CN 伸缩振动和 –NH 面内变形振动（酰胺Ⅲ）
1165.9	C–O 伸缩振动
1065	C–O 伸缩振动

Ⅰ）；在 575 ～ 1480 cm⁻¹ 处出现 –NH 变形振动所产生的特征吸收谱带，主要代表形成氢键的 –NH 的振动（酰胺Ⅱ）；此外，在 1301 ～ 1229 cm⁻¹ 处还有 –CN 和 –NH 的伸缩、弯曲振动所产生的吸收谱带（酰胺Ⅲ），这些都是家蚕丝的特征峰。因此，可以推断丝织品是以家蚕丝纤维作为纺织原料。（表 2-2）

2.2.2　劣化程度

通过对纤维纵向扫描电子显微镜图片的观察，分析纤维的劣化程度。

图片显示，袍（M1 ：42）丝织品纤维已出现断裂、表面凹凸不平、剥蚀和裂隙现象。（图 2-30）

同时，采用视频放大镜对袍（M3 ：48）和袍（M3 ：49）纹饰的金粉保存状况观察。结果显示，纹饰的金粉已出现剥落、卷曲、缺损等现象。（图 2-31、2-32）

采用扫描电子显微镜 – 能谱分析法对袍（M3 ：49）脱落的少量金粉进行检测分析。能谱检测结果金含量超过 85%，银含量超过 12%，还有少量其他元素。（图 2-33、表 2-3）

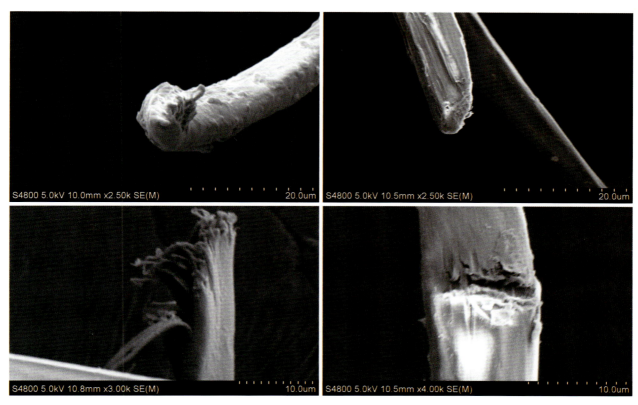

图 2-30　袍（M1 ∶ 42）丝织品部分纤维的纵向扫描电镜图

图 2-31　袍（M3 ∶ 48）纹饰的金粉保存状况

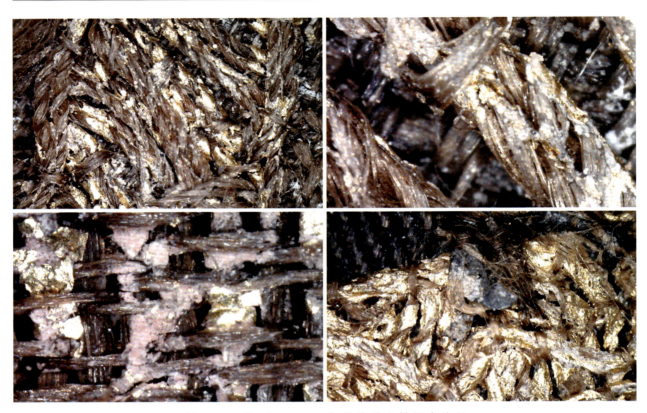

图 2-32　袍（M3：49）纹饰的金粉保存状况

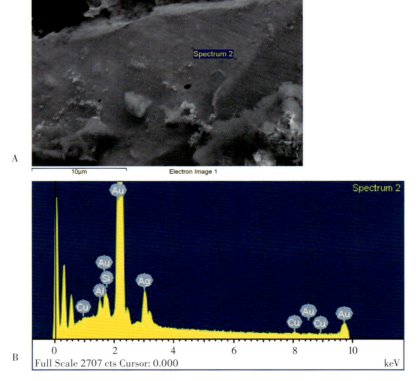

图 2-33　袍（M3：49）金粉样品电子能谱图（A 检测位点，B 元素组成图）

采用 LC-MS/MS 及生物信息学，对这批丝织品纤维的材质及其降解特性进行分析。（图 2-34、2-35）

以序列图 2-35 序列 GAGAGSGAASGAGAGAGAGAGTGSSGFGPY（质荷比为 1128.49805）为例，图 2-34 和图 2-35 分别为其质谱全扫描图和二级质谱碎片离子峰图。通过分析序列的 b、y 两种类型的碎片离子峰即可推导出准确的多肽氨基酸序列，再经数据库比对后，可以得知这一序列的准确归属。经严格的序列分析后，检测结果如表 2-4 所示，有 16 个家蚕丝素蛋白的多肽序列被检测出，其中 11 个属于丝素蛋白重链，5 个属于丝素蛋白轻链。氨基酸序列具有高度的特异性，不同蛋白的氨基酸序列组成差异巨大。分析结果找到来自丝素蛋白的序列多达 16 个，可以非常明确地表明样品的纤维原料为家蚕丝。此外，通过结果还可以看出，检测到的多肽片段分布于丝素蛋白整个序列的各个部分，此类结果与新鲜蚕丝的检测结果相似。这表明丝纤维的降解已经发生，但降解程度较轻。

表 2-3　标注位点的元素组成比例

Element	Weight（%）	Atomic（%）
Al	1.00	6.02
Si	0.70	4.05
Cu	0.47	1.19
Ag	12.32	18.48
Au	85.51	70.25
合计	100.00	

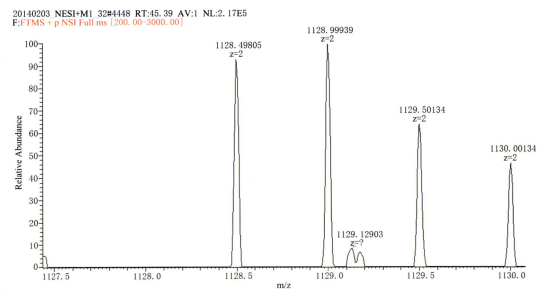

图 2-34　序列 GAGAGSGAASGAGAGAGAGAGTGSSGFGPY 的质谱全扫描图

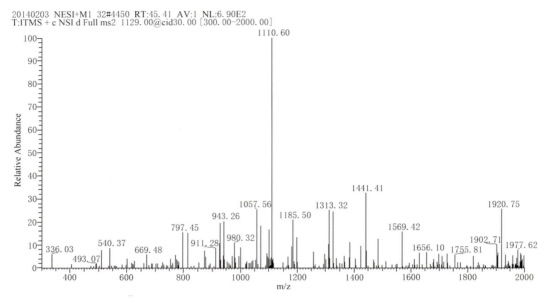

图 2-35　序列 GAGAGSGAASGAGAGAGAGAGTGSSGFGPY 二级质谱碎片离子峰图

表 2-4　样品中检测到的多肽序列及其相关数据

编号	Sequences	Protein	Charge	m/z [Da]	ΔM [ppm]
1	GAGAGSGAASGAGAGAGAGAGTGSSGFGPY	Fib-H	2	1128.49805	-1.12
2	GAGAGSGAASGAGAGAGAGAGTGSSGF	Fib-H	2	969.92847	-2.13
3	GQGAGSAASSVSSASSRSY	Fib-H	2	858.89233	0.59
4	GAASGTGAGYGAGAGAGY	Fib-H	2	708.31250	-0.67
5	GAGAGSGAGSGAGAGSGAGAGY	Fib-H	2	784.33936	1.17
6	VAADAGAYSQSGPY	Fib-H	2	678.80634	-0.95
7	GAGYGAGVGAGY	Fib-H	2	500.22882	-2.72
8	GAGVGAGYGVGY	Fib-H	2	514.24500	-1.62
9	GAGAGAGY	Fib-H	1	623.27979	2.22
10	GAGVGAGY	Fib-H	1	651.30865	-1.61
11	EYAWSSESDF	Fib-H	2	610.74011	-1.08
12	IAQAASQVHV	Fib-L	2	512.28156	-2.32
13	RQSLGPF	Fib-L	2	402.72095	-2.09
14	DYVDDTDKSIAIL	Fib-L	2	734.36340	-1.27
15	VINPGQL	Fib-L	1	740.42957	-0.79
16	NLINQL	Fib-L	2	357.71024	-1.82

注：Fib-H 代表 Fibroin heavy chain precursor [Bombyx mori; gi164448672]，即丝素蛋白重链；Fib-L 代表 Fibroin light chain precursor[Bombyx mori; gi112984494]，即丝素蛋白轻链。

2.2.3　污染物

通过扫描电子显微镜对丝织品纤维表面的污染物进行观察。先对试样进行喷金处理，再进行分析，发现丝带（M3：41）的纤维表面出现层状覆盖物和部分污染物颗粒。（图2-36）

采用视频放大镜对丝织品表面的污染物进行观察。靴（M1：22）和裤（M1：37）等丝织品中存在着近似于无机盐晶体的污染物，给丝织品的安全保存带来一定威胁。（图2-37、2-38）

另一类污染物为墓葬中多种物质的复合体。类似于被（M1：30）和腰带（M1：38）表面的污染。该类污染物大量沉积，相对较多，与织物结合紧密，严重影响丝织品的安全保存，同时造成丝织品视觉效果的改变。（图2-39、2-40）

通过视频放大镜观察可以看出，部分丝织品存在如袍（M1：33）和靴（M3：39）中出现的泥沙等污染物，该类污染物与织物纤维结合紧密，需要进行深度清洗处理。（图2-41、2-42）

通过视频放大镜观察可以看出，裤（M3：54）里层靠近尸体的部分，存在类似于尸体腐蚀物的污物，需要进行清洗处理。（图2-43）

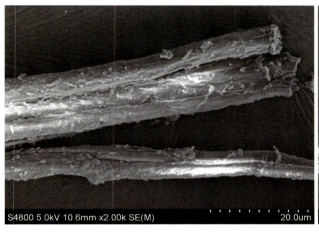
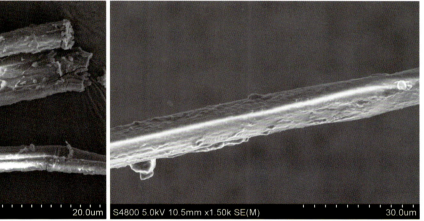

图2-36　丝带（M3：41）样品的扫描电镜图

图2-37　靴（M1：22）表面污染物状况　　　　　图2-38　裤（M1：37）表面污染物状况

图 2-39　被（M1 ∶ 30）表面污染状况　　　　　图 2-40　腰带（M1 ∶ 38）表面污染状况

图 2-41　袍（M1 ∶ 33）表面污染状况　　　　　图 2-42　靴（M3 ∶ 39）表面污染状况

图 2-43　裤（M3 ∶ 54）表面污染状况

2.2.4　染料

采用质谱分析技术对丝织品样品的染料进行鉴定。（图 2-44~2-48）

对靴（M1 ： 21、M1 ： 22）的浸出液进行分析发现，通过 MS 分析检测到的 5 种成分，其

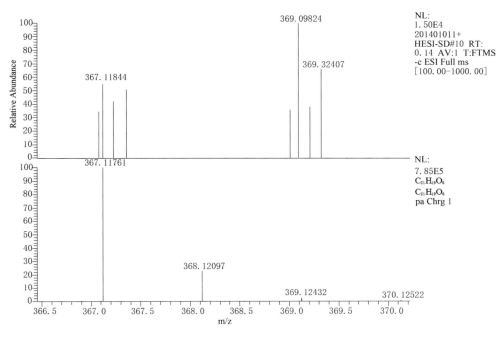

图 2-44　$C_{21}H_{20}O_6$

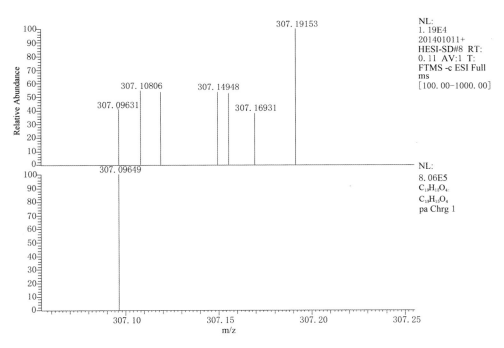

图 2-45　$C_{19}H_{16}O_4$

分子式与姜黄染料中的主要色素——姜黄素 $C_{21}H_{20}O_6$、双去甲氧基姜黄素 $C_{19}H_{16}O_4$ 和其他姜黄素 $C_{20}H_{26}O_6$、$C_{20}H_{20}O_4$ 和 $C_{20}H_{20}O_7$ 相同，推测该液体中可能含有姜黄成分。（表 2-5）

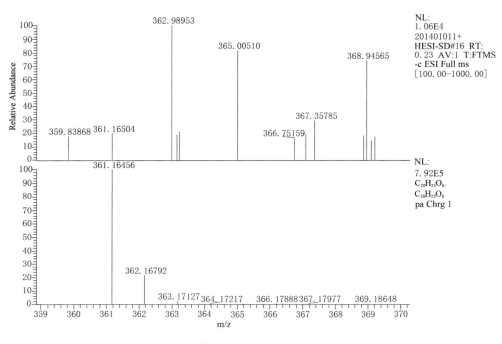

图 2-46　$C_{20}H_{26}O_6$

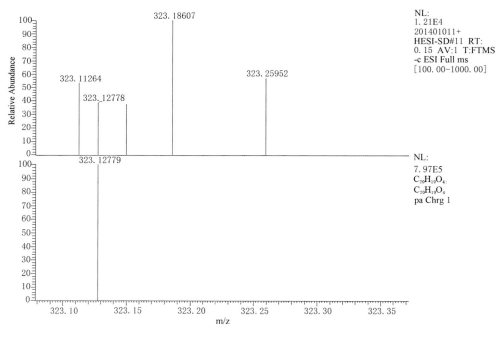

图 2-47　$C_{20}H_{20}O_4$

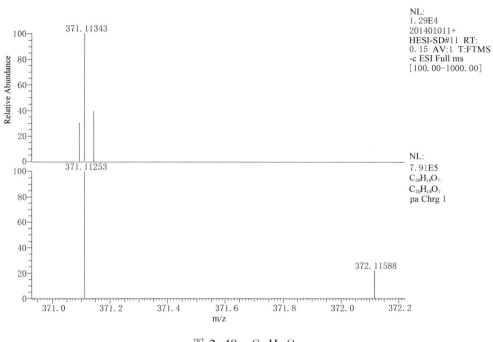

图 2-48　$C_{20}H_{20}O_7$

表 2-5　样品检出物质数据

序号	化合物结构式	Calculated mass of [M–H]– ion or	Measured mass of [M–H]– ion	Error of the mass measurement [ppm]
1	$C_{21}H_{20}O_6$	367.11844	367.11761	2.248
2	$C_{19}H_{16}O_4$	307.09631	307.09649	–0.571
3	$C_{20}H_{26}O_6$	361.16504	361.16456	1.315
4	$C_{20}H_{20}O_4$	323.12778	323.12779	–0.017
5	$C_{20}H_{20}O_7$	371.11343	371.11253	2.427

2.3　小结

综上所述，通过扫描电子显微镜 – 能谱仪、傅立叶变换 – 红外光谱仪、LC–MS 方法对丝织品的材质进行鉴定，确定为家蚕丝。通过扫描电子显微镜、视频放大镜和质谱观察发现，纤维已出现断裂、剥蚀现象，表面凹凸不平，织物纹饰的金粉剥落严重，丝织品纤维表面沉积的主要污染物种类有尸体腐败物、泥沙、无机盐以及复合污染物。通过质谱分析，推断靴（M1∶21、M1∶22）的染料含有姜黄素。

从宏观可以看出丝织品文物形制基本保存完整，但从微观看，丝纤维已经出现断裂、剥蚀现象，部分金线的金粉剥落，污染、晕色和褪色等病害最为严重。多种病害集于一体的织物已经达到濒危程度，急需进行保护修复处理。

第三章　丝织品文物保护修复

3.1　保护修复原则

依据有关法律法规和行业标准，并参考相关国际宪章的原则准则，充分尊重文物的历史真实性，全面保存文物的历史、艺术和科学价值，确保文物安全以及增强文物的抗腐蚀能力。具体保护修复原则如下：

（1）真实性原则。保护修复要尊重文物的历史真实性，不能改变文物原状。

（2）最小干预原则。尽量减少对文物的干预，少清除多保留，不能破坏文物携带的历史信息。

（3）选取的修复材料和方法尽量具有可再处理性原则，修复材料与文物原始材料具有兼容性，修复技术措施不妨碍以后再次对文物进行处理。

（4）文物修复后的视觉效果具有可识别性，力争做到文物历史价值和艺术价值的统一。

3.2　保护修复任务和目标

3.2.1　工作任务

本项目共保护修复 37 件（套）沂南县河阳社区墓地出土的清代丝织品文物。

经过前期的现状和病害调查，结合相关分析检测数据，在前期研究成果和以往相近文物保护实施经验的基础上，对丝织品实施清洗、加固和修复等处理。

（1）利用中性洗涤剂和表面活性剂进行清洗；

（2）提高丝织品柔软度和裂口拼合修复工作；

（3）制作文物支撑体；

（4）进行防虫防霉处理；

（5）科学规范记录整个过程的图像文字资料，形成保护修复档案。

3.2.2　工作目标

通过对丝织品实施保护修复，修复后的丝织品表面污迹明显减少，强度和柔软性都得到较大提高，纹饰清晰、立体感强，能够满足展览和库存的要求。

3.3　保护修复技术路线

根据丝织品文物的基本病害情况，对其进行绘制病害图、金粉固定、清洗、平整、修复、制作支撑体、防虫防霉等处理。（图 3-1）

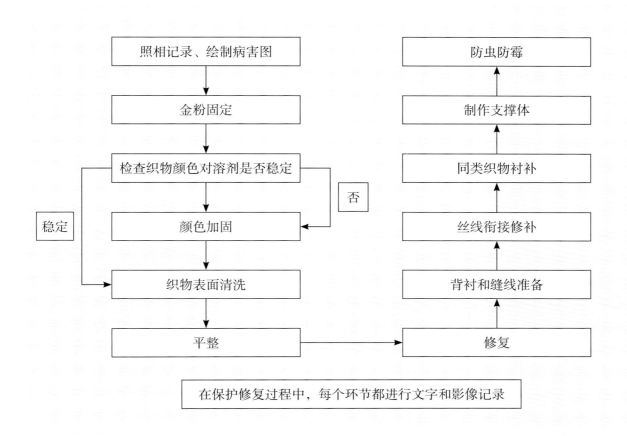

图 3-1　保护修复技术路线图

3.4　丝织品保护修复具体操作步骤

在调查分析的基础上，从每件文物的病害分析入手，采用如下保护修复措施：

3.4.1　文物信息提取与绘图

在修复工作实施前，需要对丝织品进行组织结构分析和现状记录。

完成文物的信息提取、拍照、尺寸测量、样品提取、组织结构分析等工作；绘制全部文物的病害图、组织结构线图。（图 3-2~3-9）

图 3-2　尺寸测量

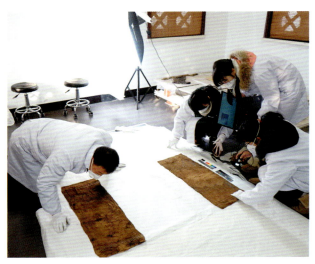

图 3-3　组织结构分析

图 3-4　被（M1：30）地组织

图 3-5　被（M1：30）地组织结构线图
（异枚异面异向绫）

图 3-6　袍（M1：36）袖口里衬花纹

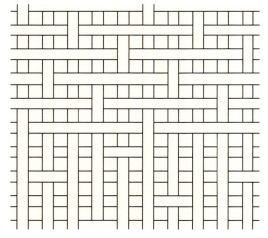

图 3-7　袍（M1：36）袖口里衬组织结构线图
（暗花缎）

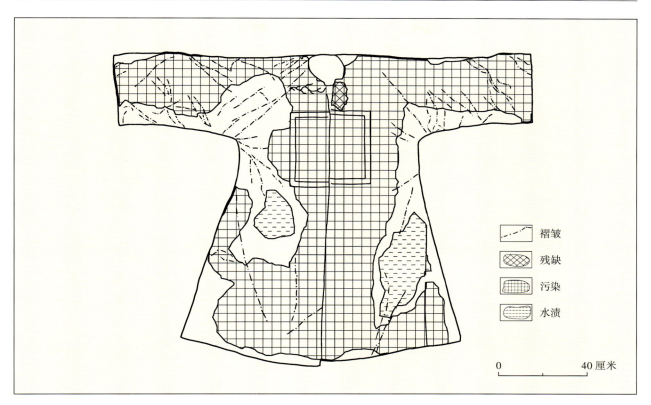

图 3-8　袍（M1 ： 32）正面病害图

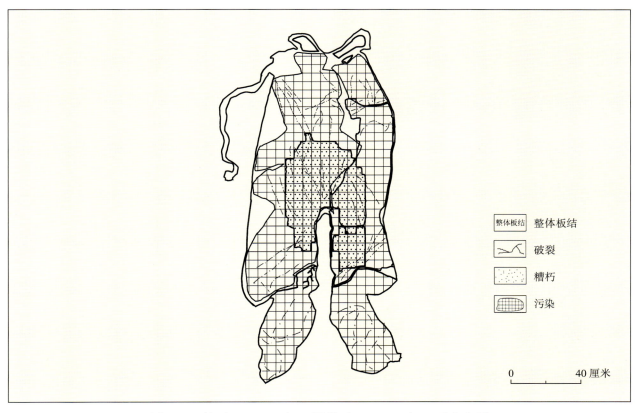

图 3-9　裤（M3 ： 54）、腰带（M3 ： 55）正面病害图

图 3-10　袍（M3：48）方补金粉加固

图 3-11　袍（M3：49）龙纹金粉加固

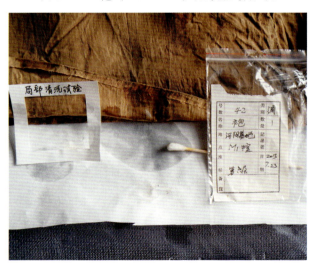

图 3-12　袍（M1：42）局部清洗试验

3.4.2　金粉固定

针对袍（M3：48）、袍（M3：49）和袍（M1：33）三件丝织品袍服纹饰的金粉剥落病害，采用天然树脂松香溶解于无水乙醇的溶液进行固定。（图 3-10、3-11）

3.4.3　局部清洗试验

选择文物不明显部位的 1 平方厘米区域做局部清洗试验。下面放置滤纸，然后用棉签蘸纯净水擦拭织物表面，观察文物下方的滤纸，判断有无褪色现象，反复几次后确定纤维无褪色现象。（图 3-12）

3.4.4　清洗

对于污染严重部位使用纯净水清洗，效果不理想。经试验证明，使用 1% 阴离子表面活性剂、5% 中性洗涤剂、20% 乳酸（pH 值调至 5）、5% 羧甲基纤维素钠的混合溶液清洗效果较佳。

将文物平摊在清洗槽的支撑网上，将喷水量调至雾状，使用超细喷壶缓慢喷湿文物，静置 10 分钟左右。对大量易溶于水的污物可用纯净水先清洗一遍，这样利于下一步得到更好的清洗效果。接着用海绵将清洗剂挤出大量泡沫，涂抹在织物表面，一般静置 30 分钟左右，严重污染的丝织品需要浸泡 40~50 分钟。然后，用油画笔和毛笔沿着经纬线方向对织物进行清洗。对于脆弱织物需使用软羊毛刷进行清理。正反皆清洗，一般 20 分钟清洗一遍。接下来用纯净水开始透洗。先正面洗一遍再反面洗一遍，交替清洗。每次清洗都需将织物的水分挤干一次，直到最后清洗的水清澈为止，测量清洗后水的 pH 值为 6.5~7.0。（图 3-13~3-20）

图 3-13　使用超细喷壶喷湿织物

图 3-14　涂抹清洗剂

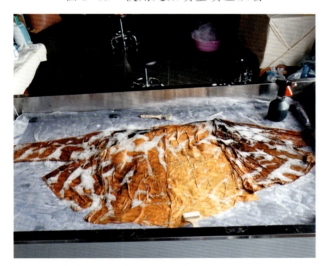

图 3-15　静置湿润

图 3-16　透洗织物

图 3-17　被（M1：30）污渍清洗前状况

图 3-18　被（M1：30）污渍清洗后状况

图 3-19　被（M1：30）污渍清洗前状况　　　　图 3-20　被（M1：30）污渍清洗后状况

图 3-21　平整织物

3.4.5　平整

在文物半干状态下，使用竹签和有机玻璃片将文物平展压平。放置一段时间后，撤去玻璃片，使文物自然干燥。（图 3-21）

3.4.6　修复

对于有残缺、破裂的丝织品使用针线法修复。主要使用同类织物衬补法及丝线衔接法修复。

图 3-22　拼对破裂织物

图 3-23　缝补破裂织物

图 3-24　制作服装支撑体

根据检测的组织结构，最终选择厚度适当的白色电力纺作为衬垫物。由于白色电力纺与文物颜色反差较大，故需要对其进行染色。由于植物染料的色牢度较差，易褪色，受潮后易晕染，因此，使用合成染料进行染色，力求所染布料的颜色与目标色相近。将衬补料平整后放置于残缺处，下面平放一块塑料片，防止缝补时将衣物的面料和里料连缀在一起。固定好破裂口和衬布后，使用钉针、回针、铺针等针法进行缝补修复。（图 3-22、3-23）

3.4.7　制作支撑体

服装类纺织品长期存放，两肩、腋下及左右下摆纤维易折断，所以需要为其制作具有弹性的支撑体，降低丝纤维的折叠应力。具体方法：使用脱浆后的白色电力纺作为支撑体的外包布料。根据文物形状裁剪出适当大小的布料，缝合 3 个边缘，向布料内部填装适当厚度的腈纶棉，缝合最后一个边缘，衣服的支撑体即制作完成。由于存放时需要将衣服的两只袖子折叠，所以也需要为其制作支撑体。根据衣袖折叠时的状态，选择圆柱形支撑体，这样可以有效减少衣袖长期折叠产生的死褶。（图 3-24）

3.4.8　防虫防霉

在入库前，使肉桂醛精油作为防虫防霉剂对织物存放的库房环境进行熏蒸处理，减少虫害和霉菌对织物的破坏。

3.5　保存条件建议

丝织品文物经保护处理后，根据《博物馆藏品管理办法》《博物馆藏品保存环境试行规范》等标准或规范化文件要求进行储存环境控制。注意事项如下：

3.5.1　防光照

有机物的 C-C 键、C-O 键断裂所需的能量与光线中紫外线所散发的能量很相近，因此，紫外光对有机物会产生强烈的破坏作用，易使文物脆化、开裂、褪色。建议保存环境中的照度应控制在 50 勒克斯（lux）以内，紫外线相对含量值小于 75（μw/1m）。

3.5.2　温湿度控制

温度对丝织品的影响不仅有物理性的热胀冷缩，而且会与相对湿度共同作用。温差频繁变化，易引起丝织品频繁的热胀冷缩，会导致材质物理性能降低。而在较高温度和较大相对湿度条件下，霉菌等病害也易滋生。

因此，建议保存丝织品的温度为 18℃ ~ 20℃，24 小时温度差应控制在 ±3℃；相对湿度为 55% ~ 65 %，24 小时的相对湿度差应控制在 ±5%。

3.5.3　防有害气体

氧（O_2）、二氧化硫（SO_2）、一氧化碳（CO）等共同作用于丝织品，可促使有机纤维素内部链节断裂以及大分子链降解，易造成丝织品文物老化。建议将丝织品文物放进木质加密封圈的储存柜中，并配备专用无酸纸囊匣（内置除氧剂、调湿剂）。

3.5.4　防生物损害

微生物、虫蚁以及尘螨在适当条件下，会迅速生长、繁殖，易对丝织品造成损害。建议定期对丝织品库房和展厅进行卫生清洁，控制环境中的生物损害。

第四章　丝织品文物研究

调查发现，这批 37 件（套）丝织品形制基本保存完整，但存在污染、晕色、褪色、皱褶、水迹和金粉脱落等病害，其中污染、晕色和褪色病害最为严重。通过对丝织品实施科学有效的保护修复，织物金线得到加固，丝织品表面污迹明显减少，纹饰清晰、立体感强，强度和柔软性都得到较大提高，能够满足展览、库存和研究的要求。

4.1　丝织品重新定名的缘由

这批丝织品文物原始的定名是根据考古出土临时确定。在上报保护修复方案时，文物名称仍沿用临时定名。保护修复后，文物的全貌得以展现，为更准确地反映丝织品的形貌特征，应根据文物现状重新定名。

根据新定名开展保护修复后单件文物的研究。文物的研究顺序不再按照考古发掘时提取的编号进行，将按照人体穿着的大体顺序，即：帽—衫、袄、褂、袍—裤—靴—腰带、丝带—被、褥，进行具体分析研究。（表 4-1、4-2）

表 4-1　沂南河阳社区墓地 M1 中室出土清代丝织品文物定名表

M1 中室出土丝织品文物			
序号	原名称	编号	新定名
1	靴	M1：21	素缎靴
2	靴	M1：22	素缎靴
3	帽缨	M1：24	帽纬
4	帽	M1：25	缎地如意帽
5	帽	M1：28	缎地暖帽
6	被	M1：30	花蝶纹绫单被
7	袍	M1：32	团五蝠捧寿纹暗花绫六品文官补褂
8	袍	M1：33	织金妆花缎蟒袍
9	马甲	M1：34	素绢对襟坎肩

续表4-1

序号	原名称	编号	新定名
		M1中室出土丝织品文物	
10	袍	M1：35	花蝶纹暗花绫夹袍
11	袍	M1：36	团五蝠捧寿纹暗花绫夹袍
12	裤	M1：37	素绢单裤
13	腰带	M1：38	素绉纱腰带
14	束手丝带	M1：39	折枝花卉纹暗花绉纱丝带
15	束手丝带	M1：40	花蝶纹暗花绉纱丝带
16	褥	M1：41	素绢单褥
17	袍	M1：42	素绢短衫

备注：因为这批出土丝织品原先的颜色无法确定，所以在定名中没有加入文物颜色的描述。目前呈现的外观颜色绝大多数为黄色，个别织物还存在部分色差。

表4-2　沂南河阳社区墓地M3二室出土清代丝织品文物定名表

序号	原名称	编号	新定名
		M3二室出土丝织品文物	
1	袍	M3：29-1	团二龙戏珠纹暗花绫夹褂
2	褂（头部枕套）	M3：29-2	缠枝花卉纹绸小袄
3	袍	M3：29-3	素绢夹袍
4	帽	M3：30	缎地暖帽
5	袍（脚垫布）	M3：31	团花太极纹暗花绉绸夹袍
6	袍（脚垫布）	M3：32	团二龙戏珠纹暗花绫夹袍
7	被	M3：34	花蝶纹绫缎拼接夹被
8	束手丝带	M3：35	花蝶纹暗花绉纱丝带
9	束手丝带	M3：36	花蝶纹暗花绉纱丝带
10	靴	M3：39	素缎靴
11	靴	M3：40	素缎靴
12	腰带	M3：41	折枝花卉纹暗花绉纱腰带
13	褥	M3：42	花蝶纹暗花绫夹褥
14	袍	M3：48	五蝠团兽纹暗花绉绸六品文官补褂

序号	原名称	编号	新定名
			M3 二室出土丝织品文物
15	袍	M3 ： 49	绣金龙吉祥纹绫蟒袍
16	袍	M3 ： 51	团二龙戏珠纹缎立领暗花绉绸夹袍
17	褂	M3 ： 52	缠枝花卉纹暗花缎短衫
18	袍	M3 ： 53	素绢夹袍
19	裤	M3 ： 54	缠枝花卉纹暗花缎宽腰夹裤
20	腰带	M3 ： 55	素绉纱腰带

备注：因为这批出土丝织品原先的颜色无法确定，所以在定名中没有加入文物颜色的描述。目前呈现的外观颜色绝大多数为黄色，个别织物还存在部分色差。

4.2　M1 中室出土丝织品文物

4.2.1　缎地如意帽（M1 ： 25）

文物呈现姜黄色，高 8.0 厘米，直径 15.1 厘米。额头部位总高 3.0 厘米，分为上半部 2.3 厘米，下部折皱 0.7 厘米。帽体由八片等腰三角形布料和一条长方形布料拼接而成。等腰三角形等边长 9.8 厘米，底边长 5.9 厘米。长方形总长 47.4 厘米，宽 3.0 厘米。（图 4-1~4-16）

图 4-1　缎地如意帽（M1 ： 25）修复前

图 4-2　缎地如意帽（M1：25）修复后正视图　　　图 4-3　缎地如意帽（M1：25）修复后俯视图

图 4-4　缎地如意帽（M1：25）局部　　　　　图 4-5　缎地如意帽（M1：25）局部

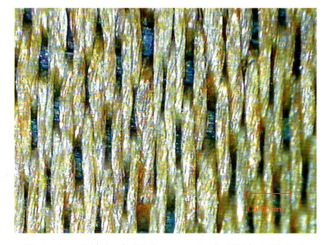

图 4-6　缎地如意帽（M1：25）面料正面组织　　图 4-7　缎地如意帽（M1：25）面料正面组织
　　　　　　　显微图　　　　　　　　　　　　　　　　　结构线图

图 4-8　缎地如意帽（M1 : 25）面料背面组织
显微图

图 4-9　缎地如意帽（M1 : 25）内衬织物正面

图 4-10　缎地如意帽（M1 : 25）内衬织物背面

图 4-11　缎地如意帽（M1 : 25）内衬织物正面
局部

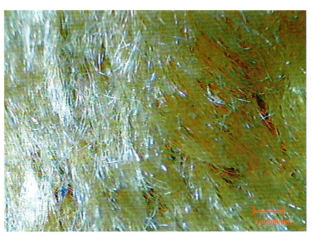

图 4-12　缎地如意帽（M1 : 25）内衬织物正面
起绒显微图

图 4-13　缎地如意帽（M1 : 25）内衬织物背面
局部

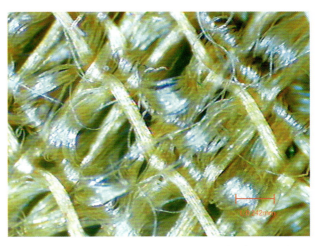

图 4-14　缎地如意帽（M1 : 25）内衬织物背面
组织显微图

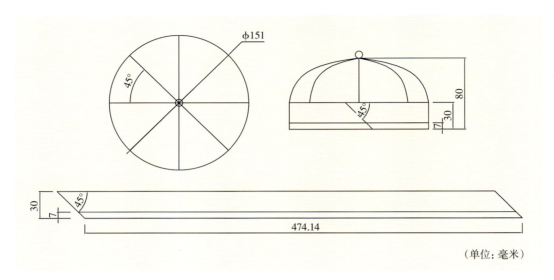

图 4-15　缎地如意帽（M1 ：25）透视图

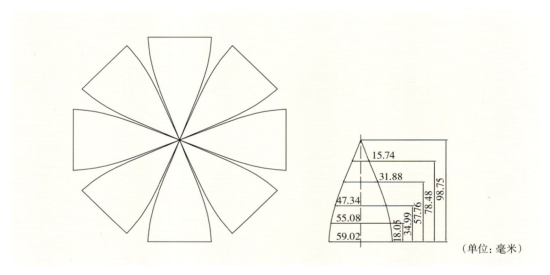

图 4-16　缎地如意帽（M1 ：25）裁剪图

面料：经线密度 100 根 / 厘米，投影宽度 0.10 毫米，无捻，黄色。纬线密度 55 根 / 厘米，投影宽度 0.18 毫米，黑色，组织结构为八枚三飞经面缎。缝线为黄色 Z 捻丝线，投影宽度 0.16 毫米。

内衬物为斜编绒织物，丝线为黄色，两根无捻丝线为一组与一根无捻丝线和一束无捻松散丝线斜向 90 度交叉。正面呈现起绒状态，全部为单根丝线，没有绒圈。

4.2.2　缎地暖帽（M1 ：28）

文物分为帽顶和帽檐两部分。帽顶呈现姜黄色，帽檐呈现棕黑色。（图 4-17~4-24）

帽顶面料：经线密度 150 根 / 厘米，投影宽度 0.08 毫米，Z 捻，黄色。纬线密度 50 根 / 厘米，投影宽度 0.23 毫米，无捻，黄色。组织结构为八枚三飞经面缎。

帽顶的缎织物横向有 3 圈缝线。缝线为黄色，无捻，投影宽度 0.32 毫米。

图 4-17　缎地暖帽（M1：28）修复前

图 4-18　缎地暖帽（M1：28）修复后

图 4-19　缎地暖帽（M1：28）面料组织显微图

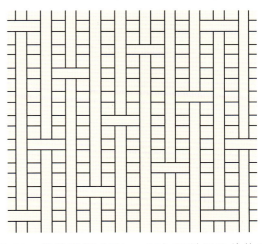

图 4-20　缎地暖帽（M1：28）面料组织结构线图

图 4-21　缎地暖帽（M1：28）帽檐内侧局部

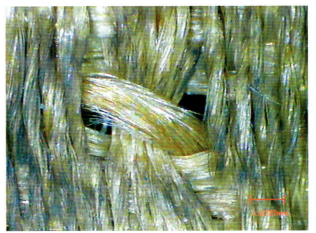

图 4-22　缎地暖帽（M1：28）帽檐内侧黄色
缝线针脚显微图

图 4-23　缎地暖帽（M1∶28）帽檐外侧起绒局部

图 4-25　帽纬（M1∶24）修复前

图 4-24　缎地暖帽（M1∶28）帽檐外侧起绒
边缘缝线显微图

帽檐正面呈现起绒状态，全部为单根棕黑色丝线，没有绒圈。帽檐绒织物与帽顶的缎织物用蓝色缝线连接，缝线为两股丝线以 Z 向捻合，投影宽度 0.37 毫米。

图 4-26　帽纬（M1∶24）修复后

4.2.3　帽纬（M1∶24）

文物呈现棕黄色。共 511 根。两股 S 强捻的丝线以 Z 捻的形式合成一股帽纬丝线，投影宽度 1 毫米，单根最长 14 厘米，组织结构为绞编织物。（图 4-25~4-27）

4.2.4　素绢短衫（M1∶42）

文物呈现土黄色，单层。通袖长 194 厘

图 4-27　帽纬（M1∶24）单根纤维显微图

米，袖口宽 16 厘米，衣长 79.8 厘米，领口宽 14 厘米，领高 8.8 厘米，下摆宽 79.8 厘米。右衽，圆领，窄袖，两侧开裾，双层织物。由 12 片布料拼接而成。左袖外接袖长 25 厘米，最宽 19 厘米，最窄 16 厘米。左袖中接袖长 35 厘米，最宽处 33 厘米，最窄处 19 厘米。右袖外接袖长 25 厘米，最宽 19 厘米，最窄 16 厘米。右袖中接袖长 35 厘米，最宽处 33 厘米，最窄处 19 厘米。大襟左片长 80 厘米，下宽 42 厘米。大襟右片长 69 厘米，下宽 41 厘米。小襟长 76 厘米，下宽 40 厘米，有 4 个扣襻。（图 4-28~4-40）

图 4-28　素绢短衫（M1：42）修复前正面

图 4-29　素绢短衫（M1：42）修复前背面

图 4-30　素绢短衫（M1：42）修复后正面

图 4-31　素绢短衫（M1：42）修复后背面

图 4-32　素绢短衫（M1 ：42）领口局部

图 4-33　素绢短衫（M1 ：42）幅边"东脐信置"织款

图 4-34　素绢短衫（M1 ：42）
腰部扣袢局部

图 4-35　素绢短衫（M1 ：42）面料组织显微图

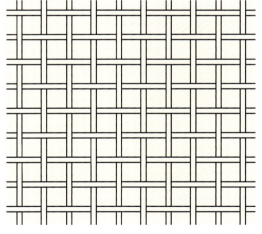

图 4-36　素绢短衫（M1 ：42）面料组织结构线图

大襟的里面有 13 条缝线，后背有 12 条缝线。小襟里面有 6 条缝线。正面针脚较小，背面针脚大且松散。

小襟下摆处有织造的文字，共 4 组，识别字样为"东脐信置"。

面料：经线密度 66 根 / 厘米，投影宽度 0.14 毫米，无捻，黄色。纬线密度 46 根 / 厘米，投

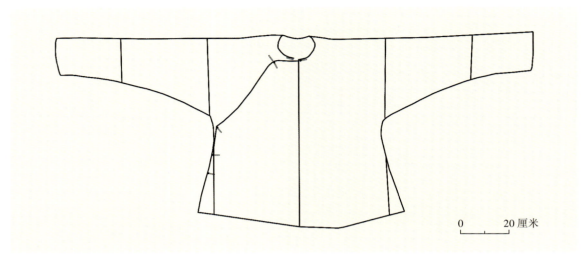

0　　20厘米

图 4-37　素绢短衫（M1 ： 42）前视图

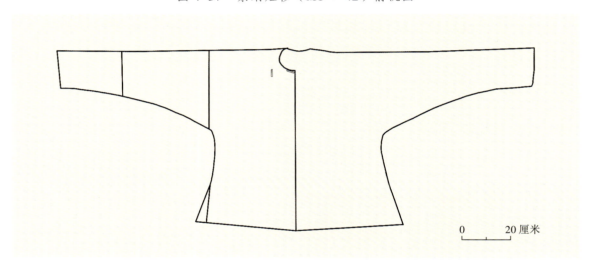

0　　20厘米

图 4-38　素绢短衫（M1 ： 42）小襟正视图

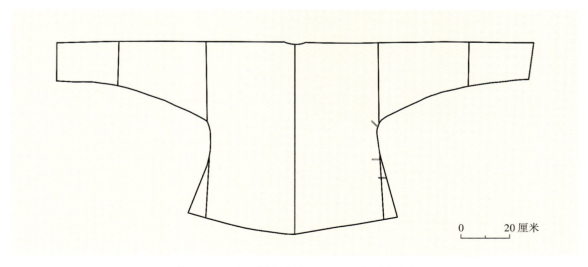

0　　20厘米

图 4-39　素绢短衫（M1 ： 42）后视图

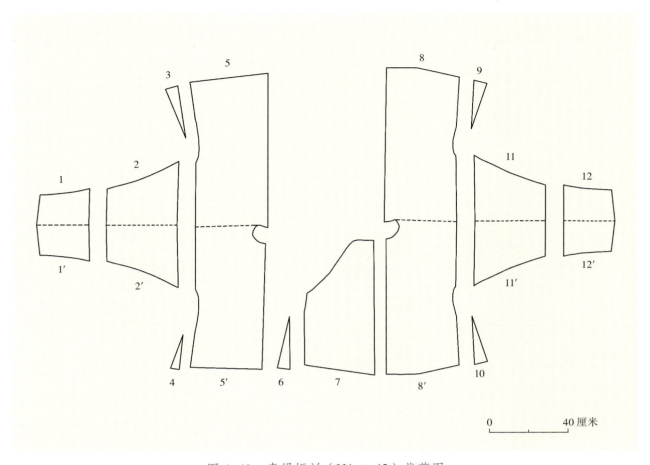

图 4-40　素绢短衫（M1：42）裁剪图

1、1′、12、12′.袖缘　2、2′、11、11′.接袖　3、4、9、10.前后襟两侧接片　5、5′、8、8′.前后襟肩通袖
6.大襟接片　7.大襟

影宽度 0.13 毫米，无捻，黄色。缝线：Z 捻，投影宽度约 0.3 毫米。组织结构为平纹。

4.2.5　素绢对襟坎肩（M1：34）

文物呈现土黄色，衣长 63 厘米，肩部宽 40 厘米，下摆宽 74.5 厘米，领高 8 厘米，领部包边长 41 厘米，宽 2 厘米。面料由八幅织物拼接而成，正面有三个扣袢，为里外两层。（图 4-41~4-57）

面料：经线密度 58 根／厘米，投影宽度 0.17 毫米，无捻，黄色。纬线密度 40 根／厘米，投影宽度 0.21 毫米，无捻，黄色。组织结构为平纹。

里衬：经线密度 62 根／厘米，投影宽度 0.14 毫米，无捻，黄色。纬线密度 54 根／厘米，投影宽度 0.16 毫米，无捻，黄色。地组织为平纹，花组织为三上一下右斜纹，组织结构为暗花绸。单元纹样为一个莲花和梅花组合图样，属于变异规矩写意图案，单元纹样最长 8.2 厘米，最宽 4.8 厘米。

服装花纹：

里衬：抽象莲花、抽象梅花

图 4-41　素绢对襟坎肩（M1：34）修复前正面

图 4-42　素绢对襟坎肩（M1：34）修复前背面

图 4-43　素绢对襟坎肩（M1 ： 34）修复后正面

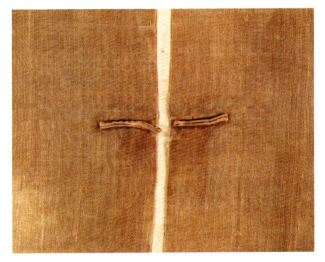

图 4-44　素绢对襟坎肩（M1 ： 34）扣袢局部　　　图 4-45　素绢对襟坎肩（M1 ： 34）侧面开衩局部

图 4-46　素绢对襟坎肩（M1：34）修复后背面

图 4-47　素绢对襟坎肩（M1：34）里衬花纹局部

图 4-48　素绢对襟坎肩（M1：34）里衬花纹
单元纹样图

图 4-61　团五蝠捧寿纹暗花绫六品文官补褂（M1：32）修复后背面

图 4-62　团五蝠捧寿纹暗花绫六品文官补褂（M1 ∶ 32）方补局部

米，投影宽度 0.22 毫米，无捻，黄色。组织结构为二上一下左斜纹绫。面料的花组织为一上五下左斜纹。

里衬地组织：经线密度 60 根 / 厘米，投影宽度 0.14 毫米，无捻，黄色。纬线密度 50 根 / 厘米，投影宽度 0.15 毫米，无捻，黄色。组织结构为平纹。里衬花组织为三上一下右斜纹。里衬组织结构为平纹地暗花绸。

图 4-63　团五蝠捧寿纹暗花绫六品文官补褂
（M1∶32）面料花纹局部

图 4-64　团五蝠捧寿纹暗花绫六品文官补褂
（M1∶32）面料单元纹样线描图

图 4-65　团五蝠捧寿纹暗花绫六品文官补褂
（M1∶32）里衬花纹局部

图 4-66　团五蝠捧寿纹暗花绫六品文官补褂
（M1∶32）里衬单元纹样线描图

服装花纹：

方补：太阳、卷连云、蝙蝠、鹭鸶、仙桃、灵芝、水仙花、珊瑚、方胜、火珠、如意、画轴、方孔钱、犀角、山石、平水、卷草

面料：蝙蝠、寿字、卍字

里衬：抽象莲花、抽象梅花

图 4-67　团五蝠捧寿纹暗花绫六品文官补褂
（M1：32）面料组织显微图

图 4-68　团五蝠捧寿纹暗花绫六品文官补褂
（M1：32）面料组织结构线图

图 4-69　团五蝠捧寿纹暗花绫六品文官补褂
（M1：32）方补刺绣显微图

图 4-70　团五蝠捧寿纹暗花绫六品文官补褂
（M1：32）方补边缘显微图

图 4-71　团五蝠捧寿纹暗花绫六品文官补褂
（M1：32）里衬组织显微图

图 4-72　团五蝠捧寿纹暗花绫六品文官补褂
（M1：32）里衬组织结构线图

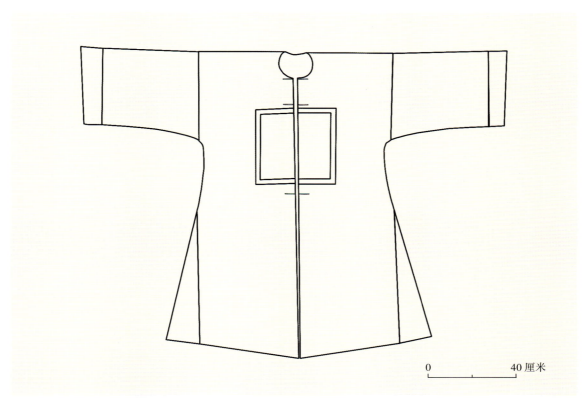

0　　　　　　40厘米

图 4-73　团五蝠捧寿纹暗花绫六品文官补褂（M1 ∶ 32）前视图

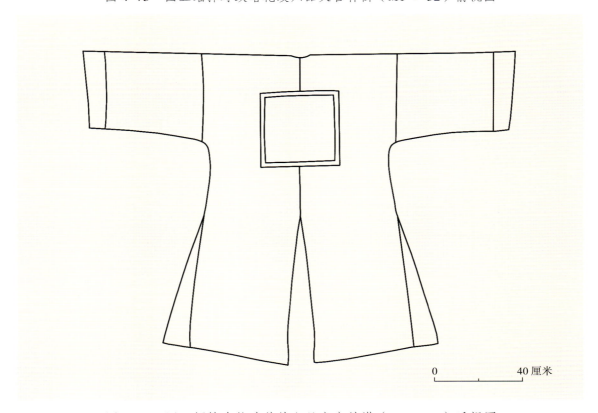

0　　　　　　40厘米

图 4-74　团五蝠捧寿纹暗花绫六品文官补褂（M1 ∶ 32）后视图

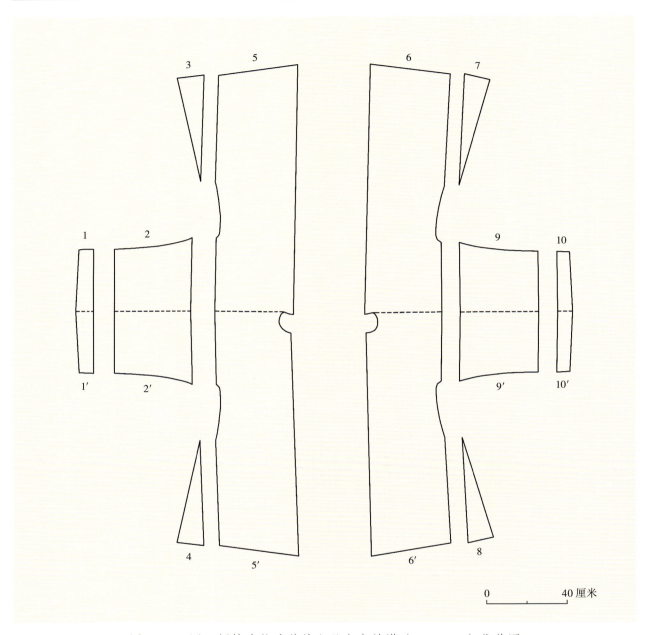

图 4-75　团五蝠捧寿纹暗花绫六品文官补褂（M1：32）裁剪图
1、1′、10、10′.袖缘　2、2′、9、9′.接袖　3、4、7、8.下摆两侧接片　5、5′、6、6′.前后襟肩通袖

4.2.7　花蝶纹暗花绫夹袍（M1：35）

文物呈现棕黄色。通袖长181厘米，衣长123厘米，领高10厘米，领宽12厘米，袖口宽15厘米，下摆宽104厘米。（图4-76~4-91）

面料地组织：经线密度100根/厘米，投影宽度0.11毫米，无捻，黄色。纬线密度36根/厘米，投影宽度0.18毫米，无捻，黄色。地组织为三上一下右斜纹，花组织为经向一上二下右斜纹，组织结构为暗花绫。

图 4-76　花蝶纹暗花绫夹袍（M1：35）修复前正面

图 4-77　花蝶纹暗花绫夹袍（M1：35）修复前背面

图 4-78　花蝶纹暗花绫夹袍（M1 ∶ 35）修复后正面

图 4-79 花蝶纹暗花绫夹袍（M1：35）修复后背面

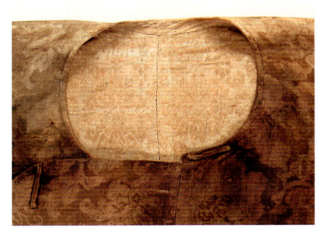

图 4-80　花蝶纹暗花绫夹袍（M1∶35）领口局部

图 4-81　花蝶纹暗花绫夹袍（M1∶35）面料
花纹局部

图 4-82　花蝶纹暗花绫夹袍（M1∶35）面料
花纹单元纹样线描图

图 4-83　花蝶纹暗花绫夹袍（M1∶35）下摆
边缘"延陵莱记"织款

图 4-84　花蝶纹暗花绫夹袍（M1∶35）面料
组织显微图

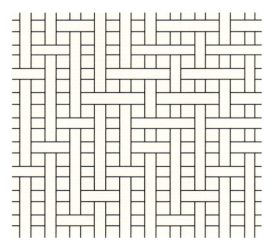

图 4-85　花蝶纹暗花绫夹袍（M1∶35）面料
组织结构线图

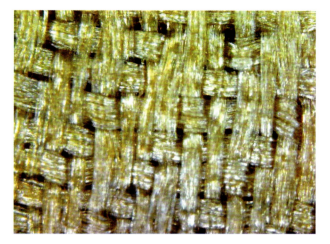

图 4-86 花蝶纹暗花绫夹袍（M1：35）里衬
组织显微图

图 4-87 花蝶纹暗花绫夹袍（M1：35）里衬
组织结构线图

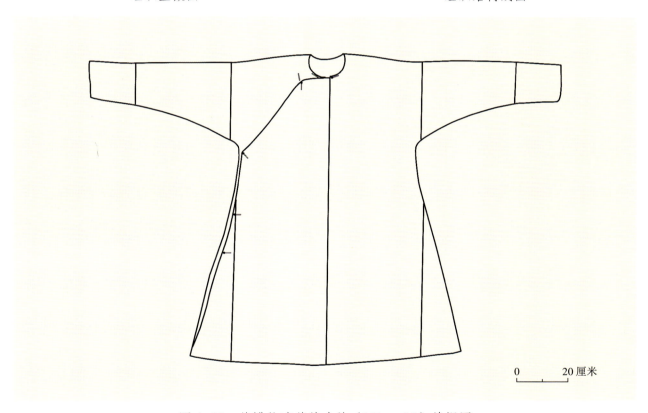

0　　　20厘米

图 4-88 花蝶纹暗花绫夹袍（M1：35）前视图

里衬地组织：经线密度 66 根 / 厘米，投影宽度 0.16 毫米，无捻，黄色。纬线密度 48 根 / 厘米，投影宽度 0.21 毫米，无捻，黄色。地组织为平纹，花组织为经向三上一下右斜纹，组织结构为暗花绸。

服装花纹：

面料：蝴蝶、牡丹、"延陵莱记"织款

里衬：抽象莲花、抽象梅花

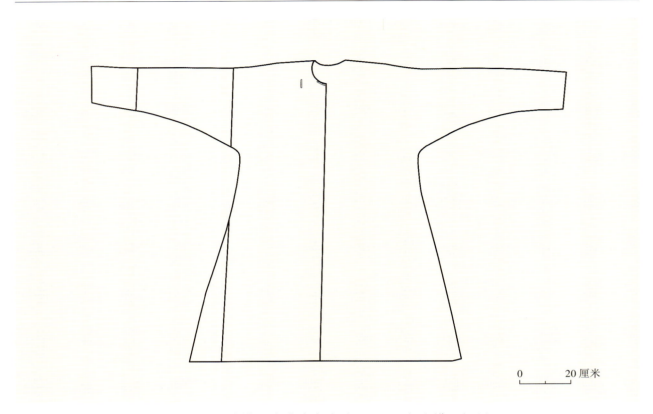

0　　20厘米

图 4-89　花蝶纹暗花绫夹袍（M1：35）小襟正视图

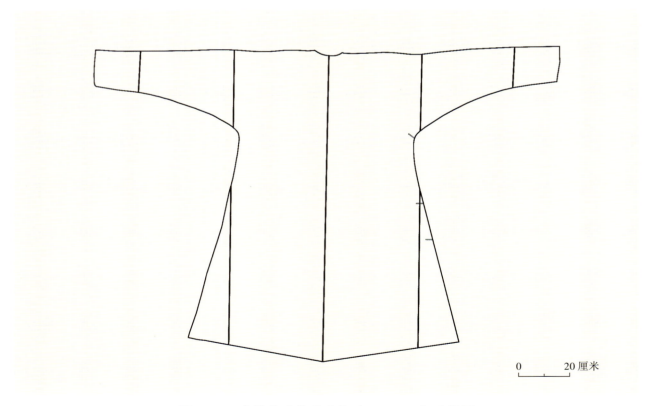

0　　20厘米

图 4-90　花蝶纹暗花绫夹袍（M1：35）后视图

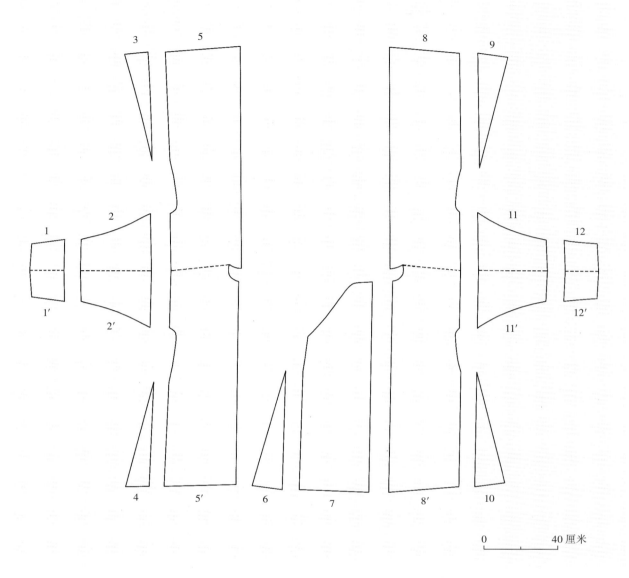

0 ———— 40 厘米

图 4-91 花蝶纹暗花绫夹袍（M1∶35）裁剪图
1、1′、12、12′.袖缘 2、2′、11、11′.接袖 3、4、9、10.下摆两侧接片 5、5′、8、8′.前后襟肩通袖
6.大襟接片 7.大襟

4.2.8 团五蝠捧寿纹暗花绫夹袍（M1∶36）

文物呈现姜黄色。通袖长 210 厘米，衣长 130 厘米，领高 6 厘米，袖口宽 15.5 厘米，下摆宽 101 厘米。（图 4-92~4-111）

面料地组织：经线密度 72 根/厘米，投影宽度 0.12 毫米，弱 Z 捻，黄色。纬线密度 44 根/厘米，投影宽度 0.25 毫米，无捻，黄色。地组织为二上一下左斜纹，花组织为经向一上五下左斜纹，组织结构为暗花绫。

马蹄袖里衬地组织：经线密度 130 根/厘米，投影宽度 0.08 毫米，弱 Z 捻，黄色。纬线密度

图 4-92　团五蝠捧寿纹暗花绫夹袍（M1 ： 36）修复前正面

图 4-93　团五蝠捧寿纹暗花绫夹袍（M1 ： 36）修复前背面

图 4-94　团五蝠捧寿纹暗花绫夹袍（M1∶36）修复后正面

图 4-95　团五蝠捧寿纹暗花绫夹袍（M1：36）修复后背面

图 4-96　团五蝠捧寿纹暗花绫夹袍（M1 ：36）　　　　图 4-97　团五蝠捧寿纹暗花绫夹袍
　　　　　　面料花纹局部　　　　　　　　　　　　　　　　（M1 ：36）里衬花纹局部

图 4-98　团五蝠捧寿纹暗花绫夹袍（M1 ：36）　　　　图 4-99　团五蝠捧寿纹暗花绫夹袍
　　　　　　面料单元纹样线描图　　　　　　　　　　　　（M1 ：36）里衬单元纹样线描图

图4-100　团五蝠捧寿纹暗花绫夹袍（M1 : 36）
马蹄袖局部

图4-101　团五蝠捧寿纹暗花绫夹袍（M1 : 36）
马蹄袖花纹线描图

图4-102　团五蝠捧寿纹暗花绫夹袍（M1 : 36）
面料组织显微图

图4-103　团五蝠捧寿纹暗花绫夹袍（M1 : 36）
面料组织结构线图

图4-104　团五蝠捧寿纹暗花绫夹袍（M1 : 36）
马蹄袖组织显微图

图4-105　团五蝠捧寿纹暗花绫夹袍（M1 : 36）
马蹄袖组织结构线图

图 4-106　团五蝠捧寿纹暗花绫夹袍（M1 ： 36 ）
里衬组织显微图

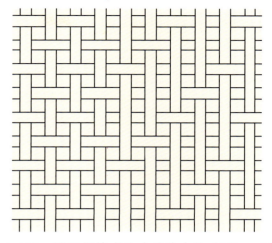

图 4-107　团五蝠捧寿纹暗花绫夹袍（M1 ： 36 ）
里衬组织结构线图

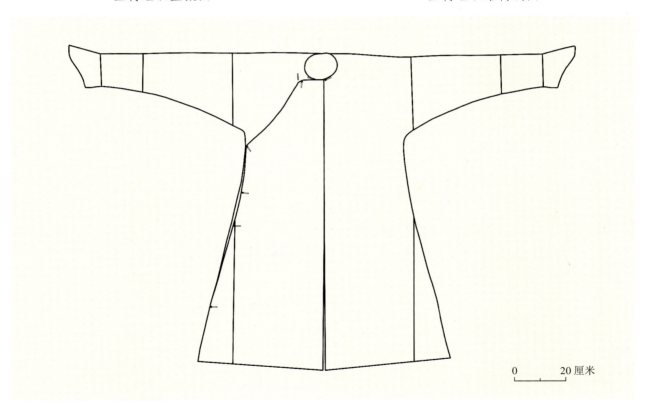

0　　　　20厘米

图 4-108　团五蝠捧寿纹暗花绫夹袍（M1 ： 36 ）前视图

50 根 / 厘米，投影宽度 0.21 毫米，无捻，黄色。地组织为八枚三飞经面缎，花组织纬向浮长显花，组织结构为八枚三飞暗花缎。

里衬地组织：经线密度 64 根 / 厘米，投影宽度 0.12 毫米，无捻，黄色。纬线密度 40 根 / 厘米，投影宽度 0.18 毫米，无捻，黄色。地组织为平纹，花组织为经向三上一下右斜纹，组织结构为暗花绸。

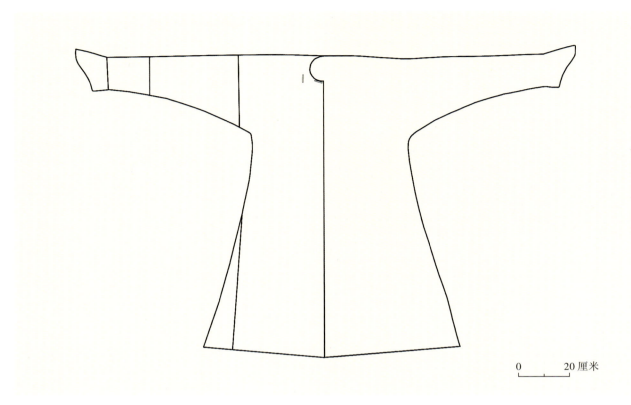

0   20厘米

图 4-109 团五蝠捧寿纹暗花绫夹袍（M1 ∶ 36）小襟正视图

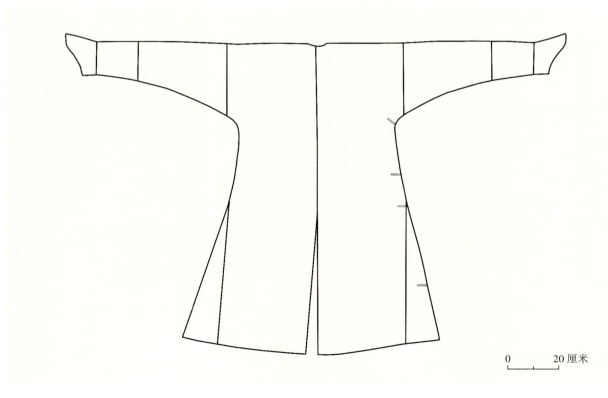

0   20厘米

图 4-110 团五蝠捧寿纹暗花绫夹袍（M1 ∶ 36）后视图

图 4-116 织金妆花缎蟒袍（M1 : 33）正面领口行龙局部

图 4-117 织金妆花缎蟒袍（M1 : 33）正面坐蟒局部

图4-118　织金妆花缎蟒袍（M1：33）正面升蟒局部

图4-119　织金妆花缎蟒袍
（M1：33）正面马蹄袖局部

图4-120　织金妆花缎蟒袍
（M1：33）正面云纹局部

图 4-121　织金妆花缎蟒袍（M1：33）背领坐龙局部

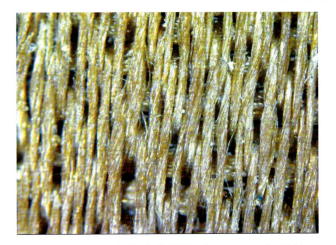

图 4-122　织金妆花缎蟒袍（M1：33）面料
地组织显微图

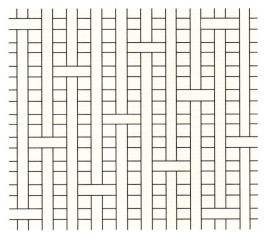

图 4-123　织金妆花缎蟒袍（M1：33）面料
地组织结构线图

图 4-124　织金妆花缎蟒袍（M1：33）面料花部
组织显微图

图 4-125　织金妆花缎蟒袍（M1：33）花部金线
显微图

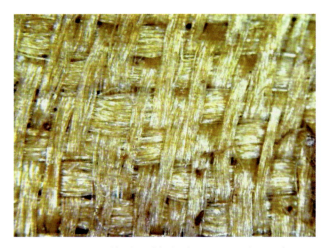

图 4-126　织金妆花缎蟒袍（M1：33）里衬组织
显微图

图 4-127　织金妆花缎蟒袍（M1：33）里衬组织
结构线图

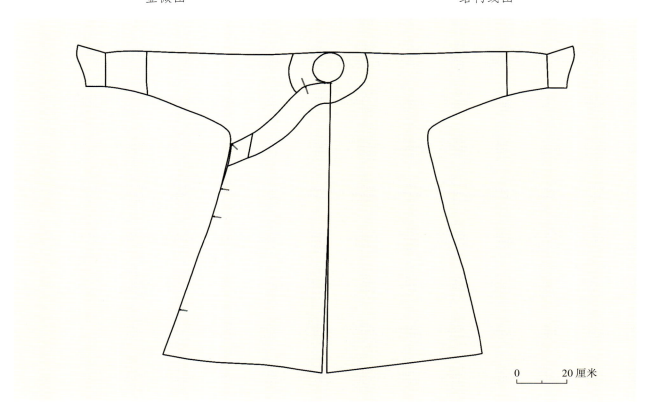

0　　　20厘米

图 4-128　织金妆花缎蟒袍（M1：33）前视图

　　里衬：经线密度 70 根 / 厘米，投影宽度 0.14 毫米，无捻，黄色。纬线密度 50 根 / 厘米，投影宽度 0.22 毫米，无捻，黄色。组织结构为五枚二飞经面缎。

　　服装花纹：

　　面料：坐蟒、升蟒、行龙、坐龙、平水、立水、山石、卷连云、火珠、如意、珊瑚、灵芝、回纹

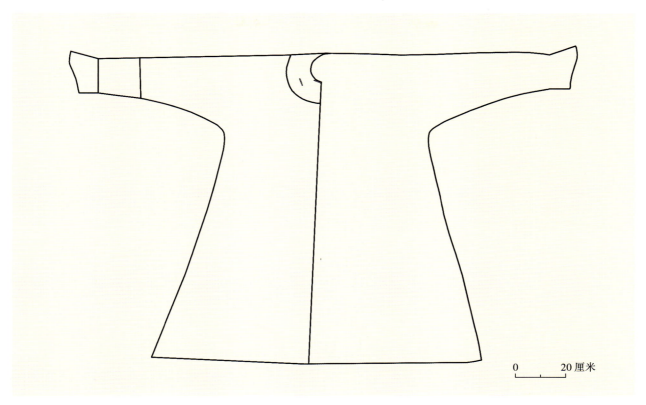

0　　20厘米

图 4-129　织金妆花缎蟒袍（M1 ： 33）小襟正视图

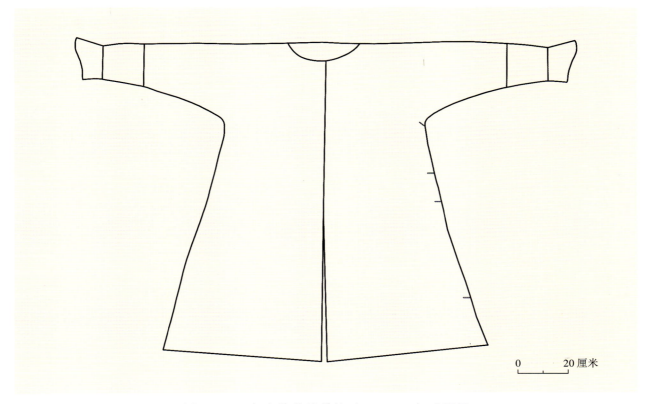

0　　20厘米

图 4-130　织金妆花缎蟒袍（M1 ： 33）后视图

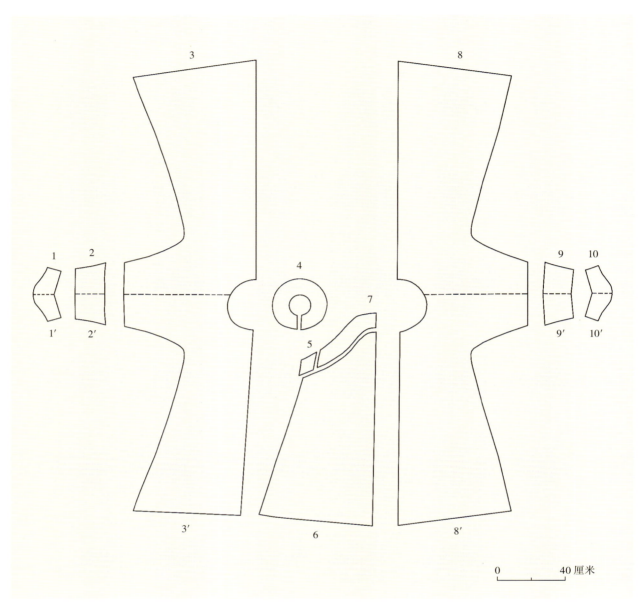

图 4-131　织金妆花缎蟒袍（M1 ： 33）裁剪图
1、1′、10、10′.马蹄袖缘　2、2′、9、9′.接袖　3、3′、8、8′.前后襟肩通袖　4.圆领　5、7.领片　6.大襟

4.2.10　素绢单裤（M1 ： 37）

此件裤子大部分面料为素绢，只有腰部有少许花纹。以面料最大面积的材质和花色为定名准则，所以定名为素绢单裤。

文物呈现米黄色。由八片布料拼接而成。不分前后，两面裁剪尺寸完全相同，腰部有椭圆形纹样，裤脚有正反四组"周恒福造"织造字样。文物无里衬，但反面有竖向 18 条缝线，横向有 2 条缝线（分别在两裤脚位置）。缝线针脚大且松散，在裤子正面显示非常小的针脚。（图4-132~4-145）

图 4-132　素绢单裤（M1 ： 37）修复前正面

图 4-133　素绢单裤（M1 ： 37）修复前背面

图 4-134　素绢单裤（M1：37）修复后正面

图 4-135　素绢单裤（M1 ： 37）修复后背面

图 4-136　素绢单裤（M1：37）拼接局部

图 4-137　素绢单裤（M1：37）腰围局部

图 4-138　素绢单裤（M1：37）裤脚边缘"周恒福造"织款

图 4-139　素绢单裤（M1：37）腰部花纹局部

图 4-140　素绢单裤（M1：37）腰部花纹线描图

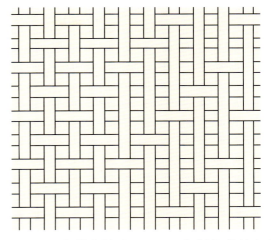

图 4-141　素绢单裤（M1 ∶ 37）腰部花纹显微图　　图 4-142　素绢单裤（M1 ∶ 37）腰部花纹组织
结构线图

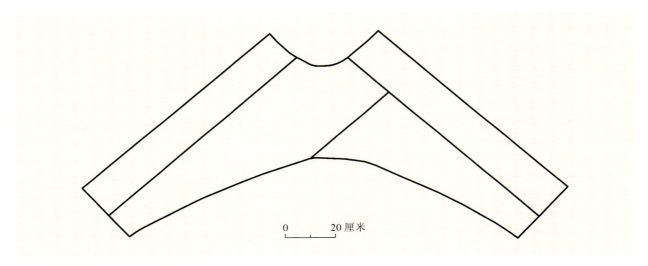

0   20 厘米

图 4-143　素绢单裤（M1 ∶ 37）前视图

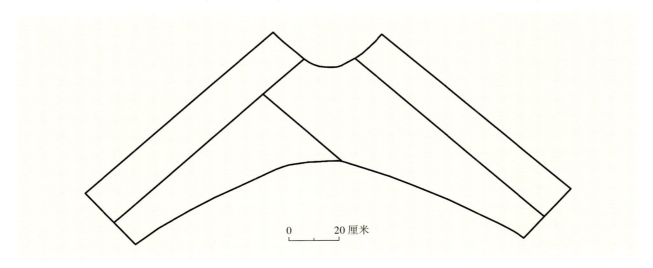

0   20 厘米

图 4-144　素绢单裤（M1 ∶ 37）后视图

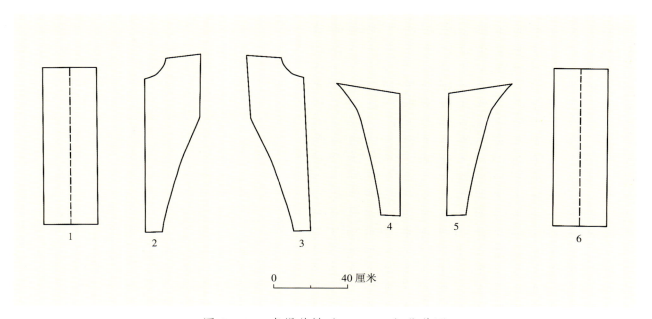

0　　　　　40厘米

图 4-145　素绢单裤（M1：37）裁剪图
1、6. 裤管直片　2、3. 大连裆裤管接片　4、5. 小连裆裤管接片

　　裤子裆部与裤管内侧全部开线，但有针脚痕迹即针眼。裤腰和两个裤脚处均有约 0.5 厘米的内折边，并有缝线痕迹（缝线已经脱落）。

　　面料：经线密度 74 根 / 厘米，投影宽度 0.14 毫米，无捻，黄色。纬线密度 62 根 / 厘米，投影宽度 0.12 毫米，无捻，黄色。组织结构为平纹绢。

　　缝线：Z 捻，投影宽度约 0.25 毫米。

　　腰部的纹样和裤脚织造的字样：组织结构为平纹地起三上一下右斜纹。

　　服装花纹：

　　面料：折枝梅花、石榴花、飘带、"周恒福造"织款

团二龙戏珠纹暗花缎单袜［素绢单裤（M1：37）附属物］

　　文物呈现姜黄色。单面由五片布料拼接而成，袜底部位的布料缺失。单袜上部两侧各有 3 条辫线（应为左右各 6 条对捻形成 3 条辫子的效果），中间夹 8 根丝线，辫线整体宽约 0.9 厘米。（图 4-146~4-156）

　　将织物拼接的单面布料分成五个区域。

　　1 部位有内衬。4 部位两侧经向各有 11 条缝线，纬向各有 1 条缝线，形成长条形。文物里面有夹毡的痕迹。5 部位由两片织物拼接而成。

　　1 部位：经线密度 130 根 / 厘米，投影宽度 0.10 毫米，弱 Z 捻，黄色。纬线密度 30 根 / 厘米，投影宽度 0.26 毫米，无捻，黑色，为八枚三飞经面缎。里衬：经线密度 48 根 / 厘米，投影宽度 0.19 毫米，无捻，黄色。纬线密度 30 根 / 厘米，投影宽度 0.22 毫米，无捻，黄色，为平纹绢。

　　2 部位：经线密度 116 根 / 厘米，投影宽度 0.07 毫米，Z 捻，褐色。纬线密度 38 根 / 厘米，

图 4-146　团二龙戏珠纹暗花缎单袜修复后

图 4-147　团二龙戏珠纹暗花缎单袜面料花纹局部

图 4-148　团二龙戏珠纹暗花缎单袜面料花纹
线描图

图 4-149　团二龙戏珠纹暗花缎单袜里衬墨书
字迹局部

图 4-150　团二龙戏珠纹暗花缎单袜里衬墨书
字迹局部

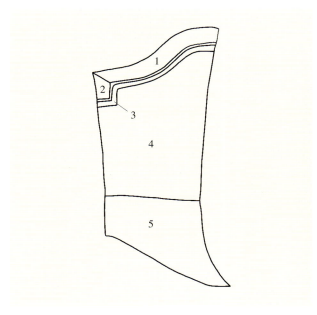

图 4-151　团二龙戏珠纹暗花缎单袜不同质地
面料分布图

图 4-152　团二龙戏珠纹暗花缎单袜 1 部位面料
组织显微图

图 4-153　团二龙戏珠纹暗花缎单袜 1 部位面料
组织结构线图

图 4-154　团二龙戏珠纹暗花缎单袜 3 部位面料
组织显微图

图 4-155　团二龙戏珠纹暗花缎单袜 4 部位面料
组织显微图

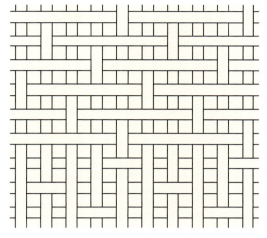

图 4-156　团二龙戏珠纹暗花缎单袜 4 部位面料
组织结构线图

投影宽度 0.30 毫米，无捻，黑色，为八枚三飞经面缎。

3 部位：辫线 S 捻和 Z 捻相间排列，形成辫子的效果，一股线的投影宽度约 0.60 毫米。辫线中间的单根丝线投影宽度约 0.14 毫米，Z 捻，黄色。

4 部位：经线密度 100 根 / 厘米，投影宽度 0.10 毫米，Z 捻，黄色。纬线密度 28 根 / 厘米，投影宽度 0.26 毫米，无捻，黄色，为五枚二飞暗花缎。

5 部位：经线密度 48 根 / 厘米，投影宽度 0.17 毫米，无捻，黄色。纬线密度 40 根 / 厘米，投影宽度 0.21 毫米，无捻，黄色，为平纹绢。

文物反面的缝线较为松散，正面显露的针脚较小并形成长条形外观，每根缝线为两股丝线以 Z 向捻合，投影宽度约 0.22 毫米。

织物正面有椭圆形的二龙戏珠纹样。两条龙在圆形图案中，以顺时针方向游动，一条龙在下，一条龙在上，中心位置有一颗带飘带的火珠，四周有莲花图案，龙有四肘五爪，肘部还有较长的毛须，整个图案显示出一种运动感。

服装纹样：

面料：升龙、降龙、火珠、莲花

里衬：墨书字迹

4.2.11　素缎靴（M1：21、M1：22）

两件素缎靴（M1：21、M1：22）的形制相同，显微结构与线图分析仅以 M1：21 为例，M1：22 不再赘述。

文物呈现姜黄色。单面由五片布料拼接而成，靴底部位的布料缺失。（图 4-157~4-172）

面料：经线密度 160 根 / 厘米，投影宽度 0.14 毫米，无捻，黄色。纬线密度 50 根 / 厘米，投影宽度 0.25 毫米，无捻，黑色，组织结构为八枚三飞经面缎。

里衬：经线密度 32 根 / 厘米，投影宽度 0.17 毫米，无捻，黄色。纬线密度 40 根 / 厘米，投影

图 4-157　素缎靴（M1∶21、M1∶22）修复前

图 4-158　素缎靴（M1∶21）修复后

图 4-159　素缎靴（M1∶22）修复后

图 4-160　素缎靴（M1：21）局部

图 4-161　素缎靴（M1：22）局部

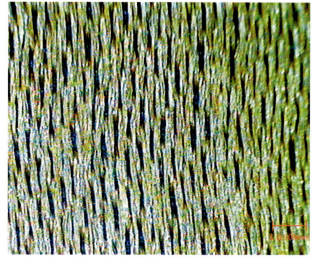

图 4-162　素缎靴（M1：21）面料正面显微图

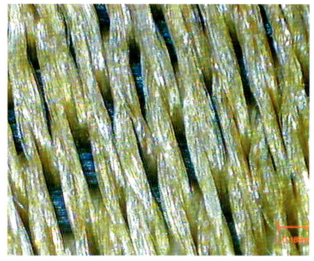

图 4-163　素缎靴（M1：21）面料正面显微图

图 4-164　素缎靴（M1：21）面料组织结构线图

图 4-165　素缎靴（M1：21）面料背面显微图　　　　图 4-166　素缎靴（M1：21）面料背面显微图

图 4-167　素缎靴（M1：21）里衬显微图 -1　　　　图 4-168　素缎靴（M1：21）里衬显微图 -1

图 4-169　素缎靴（M1：21）里衬显微图 -2　　　　图 4-170　素缎靴（M1：21）里衬显微图 -2

宽度 0.23 毫米，无捻，黄色，组织结构为平纹绢。

靴帮部位有缝线，针脚宽约 1 厘米，每根缝线为两股丝线以 S 向捻合，投影宽度约 1.25 毫米。

4.2.12　素绉纱腰带（M1 ：38）

文物呈现姜黄色，单层，最长 195 厘米，最宽 10 厘米。（图 4-173~4-180）

面料：经线密度 50 根 / 厘米，投影宽度 0.10 毫米，无捻，黄色。纬线密度 40 根 / 厘米，投影宽度 0.18 毫米，两股 S 向强捻纬线与两股 Z 向强捻纬线相间排列，黄色。组织结构为平纹绉。

腰带两端有过渡镂空带，上下通幅。每端有 7 列镂空带，每列宽约 1.5 毫米。边缘有菱形网格及穗花。穗的单股丝线由两股 S 捻的丝线以 Z 捻的形式合成一股。

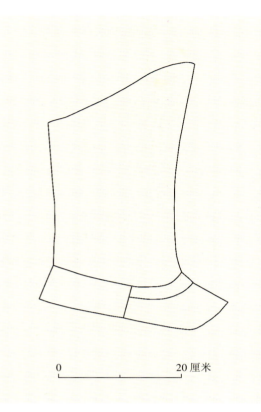

0   20 厘米

图 4-171　素缎靴（M1 ：21）正视图

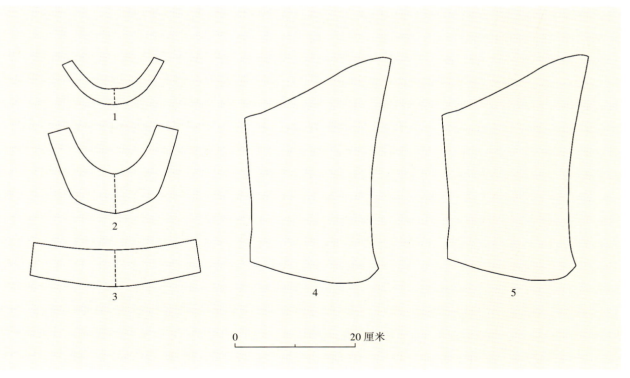

0   20 厘米

图 4-172　素缎靴（M1 ：21）裁剪图
1. 靴面补片　2. 靴跟补片　3. 靴尖补片　4、5. 靴筒

图 4-173　素绉纱腰带（M1 ： 38）修复前正面

图 4-174　素绉纱腰带（M1 ： 38）修复前背面

图 4-175　素绉纱腰带（M1 ： 38）修复后正面

图 4-176　素绉纱腰带（M1 ： 38）修复后背面

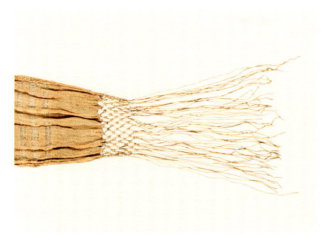

图 4-177　素绉纱腰带（M1：38）边缘结穗局部

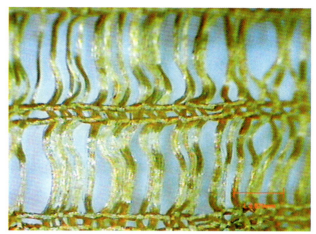

图 4-178　素绉纱腰带（M1：38）
边缘镂空部位显微图

图 4-179　素绉纱腰带（M1：38）面料组织显微图

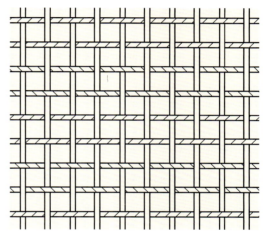

图 4-180　素绉纱腰带（M1：38）
面料组织结构线图

4.2.13　折枝花卉纹暗花绉纱丝带（M1：39）

文物呈现棕黄色，单层，长 92 厘米，宽 32 厘米。（图 4-181~4-191）

面料：经线密度 72 根 / 厘米，投影宽度 0.14 毫米，无捻，黄色。纬线密度 36 根 / 厘米，投影宽度 0.14 毫米，两股 S 向强捻纬线与两股 Z 向强捻纬线相间排列，黄色。地组织为平纹绉，花组织为经向三上一下右斜纹，组织结构为平纹绉地起斜纹花纱。

正面有花纹，背面不明显。单元纹样为一朵折枝菊花加一朵折枝牡丹，花纹满布，间隙较小。单元纹样最长 25.5 厘米，最宽 14 厘米。织物可辨明经向有 2 组完整单元纹样，纬向有 2 组完整单元纹样。经向幅头宽 0.5 厘米，平展。经向两侧有幅边，宽 0.5 厘米，平展，幅尾没有压边。

丝带两端有镂空带过渡，上下通幅。每端有 7 列镂空带，每列宽约 3 毫米，边缘有方形网格的花纹。网格纹与花卉纹样结构相同，都是经向三上一下右斜纹。幅头的网格纹是上层 7 个并排的方格（方格的尺寸约为 5 毫米 ×4 毫米）与下层 8 个并排的方格平行相间排列为一组单

图 4-181　折枝花卉纹暗花绉纱丝带（M1 ： 39）修复前正面

图 4-182　折枝花卉纹暗花绉纱丝带（M1 ： 39）修复前背面

图 4-183　折枝花卉纹暗花绉纱丝带（M1 ∶ 39）修复后正面

图 4-184　折枝花卉纹暗花绉纱丝带（M1 ∶ 39）修复后背面

图 4-185   折枝花卉纹暗花绉纱丝带（M1∶39）边缘局部

图 4-186   折枝花卉纹暗花绉纱丝带（M1∶39）
主体花纹局部

图 4-187   折枝花卉纹暗花绉纱丝带（M1∶39）
主体花纹单元纹样线描图

图 4-188   折枝花卉纹暗花绉纱丝带（M1∶39）复原图

图 4-189 折枝花卉纹暗花绉纱丝带（M1∶39）
边缘镂空部位显微图

图 4-190 折枝花卉纹暗花绉纱丝带（M1∶39）
面料组织显微图

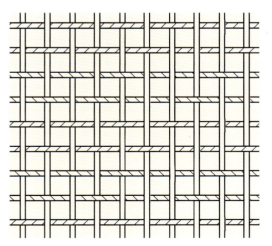

图 4-191 折枝花卉纹暗花绉纱丝带（M1∶39）
面料组织结构线图

元纹样，从上至下循环 28 组。幅尾的网格纹是上层 6 个并排的方格（方格的尺寸约为 5 毫米 ×4 毫米）与下层 7 个并排的方格平行相间排列为一组单元纹样，从上至下循环 28 组。

服装花纹：

面料：折枝菊花、折枝牡丹、网格纹

4.2.14 花蝶纹暗花绉纱丝带（M1∶40）

文物呈现棕黄色，单层，长 89.5 厘米，宽 33.3 厘米。（图 4-192~4-203）

面料：经线密度 70 根 / 厘米，投影宽度 0.14 毫米，无捻，黄色。纬线密度 34 根 / 厘米，投影宽度 0.19 毫米，两股 S 向强捻纬线与两股 Z 向强捻纬线相间排列，黄色。地组织为平纹绉，花组织为经向三上一下右斜纹，组织结构为平纹绉地起斜纹花纱。

正面有花纹，背面不明显。单元纹样为一只朝右下方飞翔的蝴蝶和一朵折枝菊花、一只朝左上方飞翔的蝴蝶和一朵折枝牡丹，花纹满布，间隙较小。单元纹样最长 34.5 厘米，最宽 19 厘米。织物可辨明经向有 1 组完整单元纹样，纬向有 1 组完整单元纹样。经向幅头宽 0.4 厘米，平展。经向两侧有幅边，宽 0.6 厘米，平展。幅尾没有压边。

丝带两端有镂空带过渡，上下通幅。每端有 7 列镂空带，每列镂空带宽约 2 毫米。边缘有方形网格的花纹。网格纹与花卉纹纹样结构相同，都是经向三上一下右斜纹。幅头和幅尾的网格纹都是上层 12 个并排的方格（方格的尺寸约为 3 毫米 ×2 毫米）与下层 13 个并排的方格平行相间排列为一组单元纹样，从上至下循环 40 组。

服装花纹：

面料：折枝菊花、折枝牡丹、蝴蝶、网格纹

图 4-192　花蝶纹暗花绉纱丝带（M1：40）修复前正面

图 4-193　花蝶纹暗花绉纱丝带（M1：40）修复前背面

图 4-194　花蝶纹暗花绉纱丝带（M1 ：40）修复后正面

图 4-195　花蝶纹暗花绉纱丝带（M1 ：40）修复后背面

图 4-196　花蝶纹暗花绉纱丝带（M1：40）主体花纹局部

图 4-197　花蝶纹暗花绉纱丝带（M1：40）主体　　　图 4-198　花蝶纹暗花绉纱丝带（M1：40）主体
　　　　　　花纹局部　　　　　　　　　　　　　　　　　花纹单元纹样线描图

图 4-199　花蝶纹暗花绉纱丝带（M1：40）复原图

图 4-200　花蝶纹暗花绉纱丝带（M1 ： 40）边缘
局部

图 4-201　花蝶纹暗花绉纱丝带（M1 ： 40）边缘
镂空部位显微图

图 4-202　花蝶纹暗花绉纱丝带（M1 ： 40）面料
组织显微图

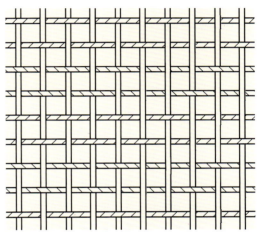

图 4-203　花蝶纹暗花绉纱丝带（M1 ： 40）面料
组织结构线图

4.2.15　花蝶纹绫单被（M1 ： 30）

　　文物呈现棕黄色，整体长 184 厘米，宽 74 厘米。为两幅织物拼接而成，经向中间有拼接缝。单幅织物长 184 厘米，宽 37 厘米。织物为单层，经线密度 88 根 / 厘米，投影宽度 0.11 毫米，无捻，黄色。纬线密度 30 根 / 厘米，投影宽度 0.21 毫米，无捻，黄色。（图 4-204~4-214）

　　织物地部为三上一下右斜纹绫，正面和背面互相显花，为暗花绫。正面单元纹样为一只朝右下方飞翔的蝴蝶和一朵折枝牡丹，花纹满布，间隙较小。单元纹样最长 22 厘米，最宽 15 厘米。织物左幅可辨明经向有 9 组完整单元纹样，纬向有 3 组完整单元纹样。织物右幅可辨明经向有 10 组完整单元纹样，纬向有 3 组完整单元纹样。经向幅头内折边宽 0.7 厘米，翻折在织物背面。纬向两侧有幅边内折，宽 0.7 厘米，翻折在织物背面。中间拼缝内折幅边宽 0.7 厘米。幅尾没有压边。

　　织物背面三个边缘各有一条大针脚的缝线，Z 向强捻，投影宽度 0.29 毫米，黄色。缝线在正面针脚不明显，在背面以 3 厘米左右的宽度用跑针起针脚。

　　织物花纹：

　　面料：蝴蝶、折枝牡丹

图 4-204　花蝶纹绫单被（M1 ∶ 30）修复前正面

图 4-205　花蝶纹绫单被（M1 ∶ 30）修复前背面

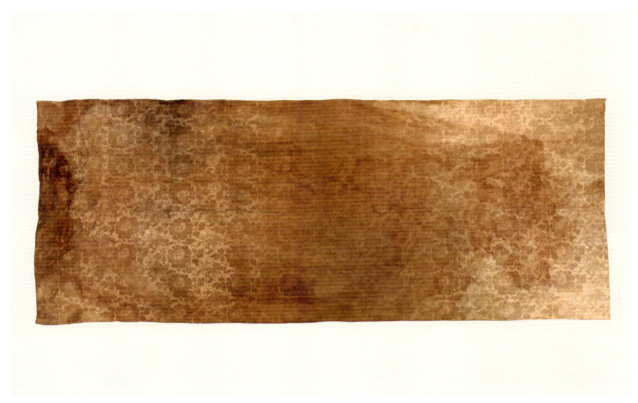

图 4-206　花蝶纹绫单被（M1 ： 30）修复后正面

图 4-207　花蝶纹绫单被（M1 ： 30）修复后背面

图 4-208　花蝶纹绫单被（M1：30）面料花纹局部

图 4-209　花蝶纹绫单被（M1：30）面料花纹
单元纹样线描图

图 4-210　花蝶纹绫单被（M1：30）面料地组织
显微图

图 4-211　花蝶纹绫单被（M1：30）面料花部
组织显微图

图 4-212　花蝶纹绫单被（M1：30）面料组织
结构线图

图 4-213　花蝶纹绫单被（M1：30）背面缝线
显微图

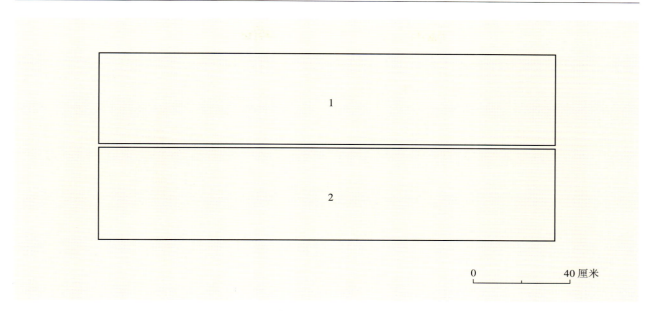

图 4-214　花蝶纹绫单被（M1 ： 30）裁剪图
1. 被面左幅　2. 被面右幅

4.2.16　素绢单褥（M1 ： 41）

文物呈现姜黄色，素面，单层，外观长方形，长 188 厘米，宽 71.5 厘米。由两幅拼接而成，单幅宽约 35.5 厘米，幅边宽 0.6 厘米。幅边部位有织造的字样，无法辨识。（图 4-215~4-227）

面料：经线密度 72 根 / 厘米，投影宽度 0.13 毫米，无捻，黄色。纬线密度 40 根 / 厘米，投影宽度 0.16 毫米，无捻，黄色。组织结构为平纹。

文物背面经向有 2 条缝线，纬向有 1 条缝线，缝线针脚大且松散，正面显露的针脚较小。缝线：Z 捻，投影宽度约 0.30 毫米。

面料花纹：织款文字

图 4-215　素绢单褥（M1 ： 41）修复前正面

图 4-216　素绢单褥（M1∶41）修复前背面

图 4-217　素绢单褥（M1∶41）修复后正面

图 4-218　素绢单褥（M1∶41）修复后背面

图 4-219　素绢单褥（M1：41）正面中缝局部　　　图 4-220　素绢单褥（M1：41）背面中缝局部

图 4-221　素绢单褥（M1：41）背面边缘缝线局部　　　图 4-222　素绢单褥（M1：41）正面边缘局部

图 4-223　素绢单褥（M1：41）边缘织款

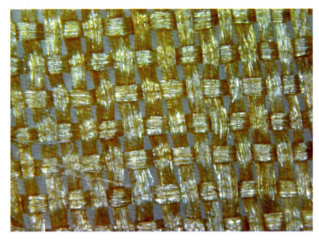 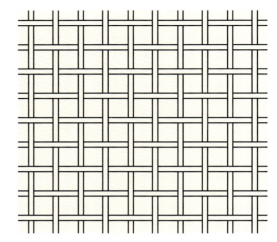

图 4-224　素绢单褥（M1∶41）面料组织显微图　　图 4-225　素绢单褥（M1∶41）面料组织结构线图

0　　　　　　　40 厘米

图 4-226　素绢单褥（M1∶41）正视图

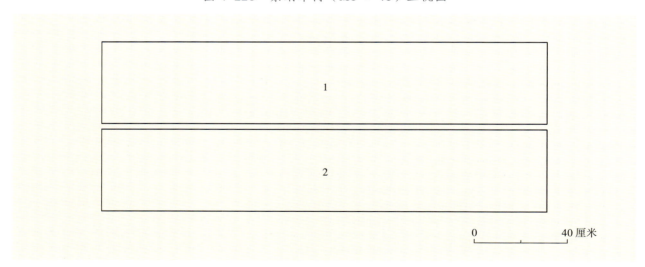

0　　　　　　　40 厘米

图 4-227　素绢单褥（M1∶41）裁剪图
1.褥面左幅　2.褥面右幅

4.3　M3 二室出土丝织品文物

4.3.1　缎地暖帽（M3：30）

文物呈现姜黄色。通高 20 厘米，帽顶最大周长约 59 厘米。帽顶有帽纬，帽纬上有铜质的圆纽，帽纬的流苏呈现黄褐色，长度平均在 15 厘米左右。（图 4-228~4-231）

帽顶面料：经线密度 160 根 / 厘米，投影宽度 0.09 毫米，弱 Z 捻，黄色。纬线密度 60 根 / 厘米，投影宽度 0.19 毫米，无捻，黑色。组织结构为八枚三飞经面缎。

暖帽留有浅黄色系带，投影宽度约 1.60 毫米。

帽檐有黑褐色绒织物，帽檐最大周长约 90 厘米。

暖帽内衬布料全部缺失，内层缝缀有黑色毡。

图 4-228　缎地暖帽（M3：30）修复前

图 4-229　缎地暖帽（M3：30）修复后侧视

图 4-230　缎地暖帽（M3：30）修复后侧视
（加帽纬）

图 4-231　缎地暖帽（M3：30）修复后内衬

4.3.2　缠枝花卉纹暗花缎短衫（M3∶52）、素绢夹袍（M3∶53）

（1）缠枝花卉纹暗花缎短衫（M3∶52）

文物由 7 片布料组成，出土时与素绢夹袍（M3∶53）粘连在一起。（图 4-232~4-246）

图 4-232　缠枝花卉纹暗花缎短衫（M3∶52）、素绢夹袍（M3∶53）修复前正面

图 4-233　缠枝花卉纹暗花缎短衫（M3∶52）、素绢夹袍（M3∶53）修复前背面

　　文物呈现姜黄色，通袖长 195 厘米，袖口宽 15 厘米，衣长 76 厘米，领口宽 13 厘米，领高
10 厘米，下摆宽 81 厘米。右衽，圆领，窄袖，左右开裾，双层织物。面料织有缠枝牡丹花卉纹样，
单元纹样尺寸为 18.3 厘米 ×17 厘米。里衬织有莲花和梅花变异花卉纹样，单元纹样尺寸为 9 厘
米 ×5 厘米。

　　面料地组织：经线密度 100 根 / 厘米，投影宽度 0.10 毫米，无捻，黄色。纬线密度 50 根 / 厘米，
投影宽度 0.15 毫米，无捻，黄色。组织结构为五枚二飞暗花缎。

　　里衬地组织：经线密度 60 根 / 厘米，投影宽度 0.13 毫米，无捻，黄色。纬线密度 70 根 / 厘米，
投影宽度 0.13 毫米，无捻，黄色。组织结构为平纹地组织上起三上一下右斜纹花绸。

　　服装花纹：

　　面料：缠枝牡丹

　　里衬：抽象莲花、抽象梅花

图 4–234　缠枝花卉纹暗花缎短衫（M3 ： 52）修复后正面

图 4-235　缠枝花卉纹暗花缎短衫（M3：52）修复后背面

图 4-236　缠枝花卉纹暗花缎短衫（M3：52）
面料花纹局部

图 4-237　缠枝花卉纹暗花缎短衫（M3：52）
面料花纹线描图

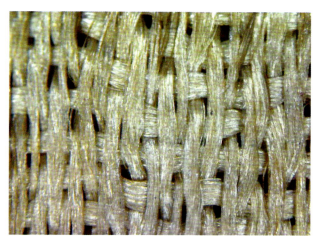

图 4-238　缠枝花卉纹暗花缎短衫（M3∶52）
面料地组织显微图

图 4-239　缠枝花卉纹暗花缎短衫（M3∶52）
面料花纹组织显微图

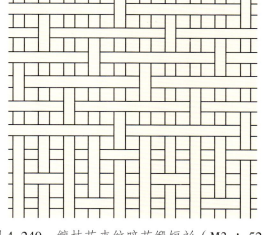

图 4-240　缠枝花卉纹暗花缎短衫（M3∶52）
面料组织结构线图

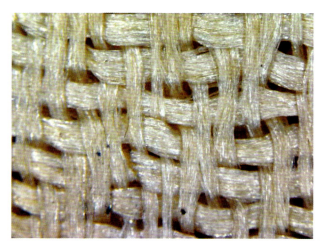

图 4-241　缠枝花卉纹暗花缎短衫（M3∶52）
里衬组织显微图

图 4-242　缠枝花卉纹暗花缎短衫（M3∶52）
里衬组织结构线图

图 4-247　素绢夹袍（M3：53）修复后正面

图 4-248　素绢夹袍（M3：53）修复后背面

图4-249　素绢夹袍（M3：53）里衬花纹局部

图4-250　素绢夹袍（M3：53）里衬单元纹样
线描图

图4-251　素绢夹袍（M3：53）面料组织显微图

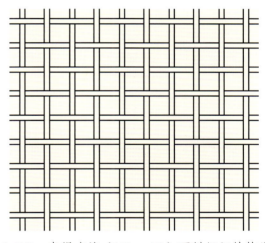

图4-252　素绢夹袍（M3：53）面料组织结构线图

图4-253　素绢夹袍（M3：53）里衬组织显微图

图4-254　素绢夹袍（M3：53）里衬组织结构线图

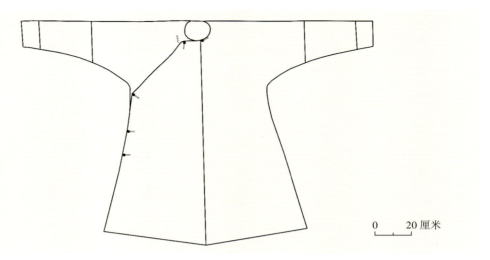

图 4-255　素绢夹袍（M3∶53）前视图

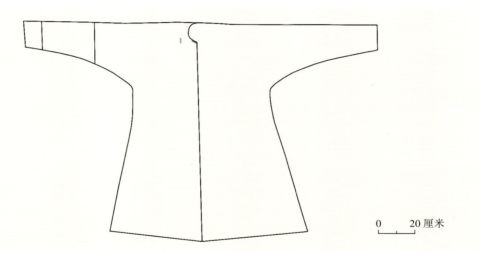

图 4-256　素绢夹袍（M3∶53）小襟正视图

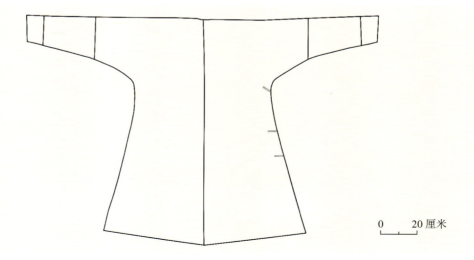

图 4-257　素绢夹袍（M3∶53）后视图

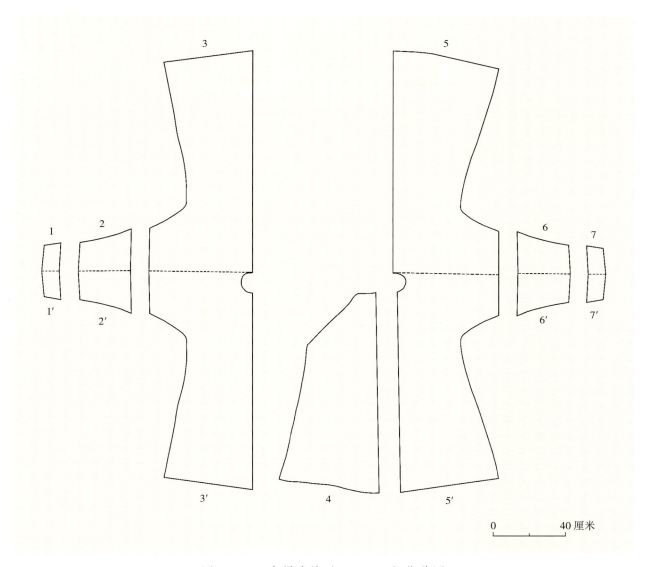

图 4-258　素绢夹袍（M3：53）裁剪图
1、1′、7、7′.袖缘　2、2′、6、6′.接袖　3、3′、5、5′.前后襟肩通袖　4.大襟

4.3.3　缠枝花卉纹绸小袄（M3：29-2）

文物呈现姜黄色，通袖长 187 厘米，衣长 77 厘米，领高 10 厘米，下摆宽 80 厘米。右衽，圆领，窄袖，左右开裾，面料有缠枝花卉纹，单元纹样尺寸为 9.5 厘米 ×10 厘米，大襟有四颗扣袢，无里衬，内有一层丝绵。（图 4-259~4-272）

面料：经线密度 72 根 / 厘米，投影宽度 0.14 毫米，无捻，黄色。纬线密度 40 根 / 厘米，投影宽度 0.17 毫米，无捻，黄色。地组织为平纹，花组织为三上一下右斜纹花，组织结构为平纹暗花绸织物。

服装花纹：

面料：缠枝芙蓉

图 4-259　缠枝花卉纹绸小袄（M3：29-2）修复前正面

图 4-260　缠枝花卉纹绸小袄（M3：29-2）修复前背面

图 4-261　缠枝花卉纹绸小袄（M3 ∶ 29-2）修复后正面

图 4-262　缠枝花卉纹绸小袄（M3 ∶ 29-2）修复后背面

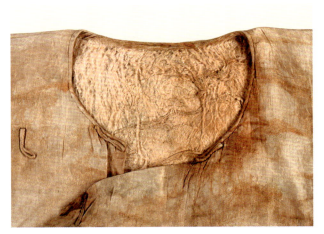

图 4-263　缠枝花卉纹绸小袄（M3：29-2）领口
局部

图 4-266　缠枝花卉纹绸小袄（M3：29-2）面料
组织显微图

图 4-264　缠枝花卉纹绸小袄（M3：29-2）面料
花纹局部

图 4-267　缠枝花卉纹绸小袄（M3：29-2）面料
组织结构线图

图 4-265　缠枝花卉纹绸小袄（M3：29-2）面料
花纹单元纹样线描图

图 4-268　缠枝花卉纹绸小袄（M3：29-2）里衬
夹层中的棉絮局部

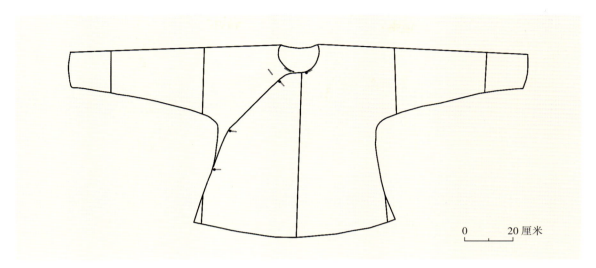

0　　20厘米

图 4-269　缠枝花卉纹绸小袄（M3 ： 29-2）正视图

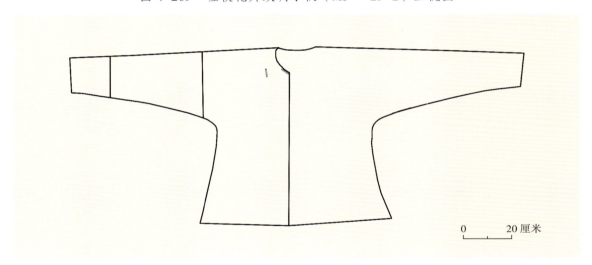

0　　20厘米

图 4-270　缠枝花卉纹绸小袄（M3 ： 29-2）小襟正视图

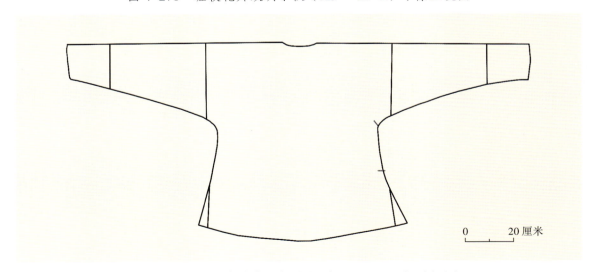

0　　20厘米

图 4-271　缠枝花卉纹绸小袄（M3 ： 29-2）后视图

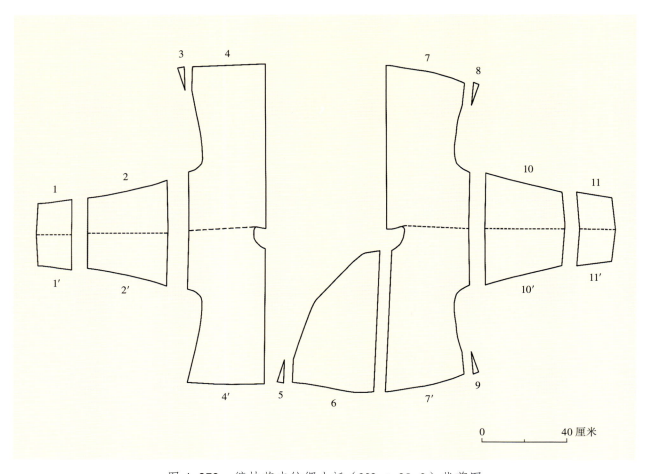

0   40厘米

图 4-272 　缠枝花卉纹绸小袄（M3 ： 29-2）裁剪图

1、1′、11、11′.袖缘　2、2′、10、10′.接袖　3、8、9.前后襟接片　4、4′、7、7′.前后襟肩通袖　5.大襟接片
6.大襟

4.3.4　团二龙戏珠纹暗花绫夹褂（M3 ： 29-1）

文物呈现棕黄色，通袖长 179 厘米，衣长 126 厘米，领高 9 厘米，领宽 12 厘米，下摆宽 110 厘米。对襟，圆领，阔直袖，前有五对扣袢，左右开裾，面料织有二龙戏珠纹样，单元纹样直径 21 厘米。（图 4-273~4-289）

面料：经线密度 60 根 / 厘米，投影宽度 0.13 毫米，无捻，黄色。纬线密度 40 根 / 厘米，投影宽度 0.25 毫米，无捻，黄色。地组织为二上一下左斜纹，花组织为经向一上五下左斜纹，组织结构为暗花绫。

里衬地组织：经线密度 70 根 / 厘米，投影宽度 0.12 毫米，无捻，黄色。纬线密度 40 根 / 厘米，投影宽度 0.27 毫米，无捻，黄色。地组织为三上一下右斜纹，花组织为经向一上三下右斜纹，组织结构为暗花绫。

服装花纹：

面料：升龙、降龙、火珠、莲花

里衬：缠枝牡丹、蝙蝠

图 4-273　团二龙戏珠纹暗花绫夹褂（M3 ： 29-1）修复前正面

图 4-274　团二龙戏珠纹暗花绫夹褂（M3：29-1）修复前背面

图 4-275　团二龙戏珠纹暗花绫夹褂（M3：29-1）修复后正面

图 4-276　团二龙戏珠纹暗花绫夹褂（M3：29-1）修复后背面

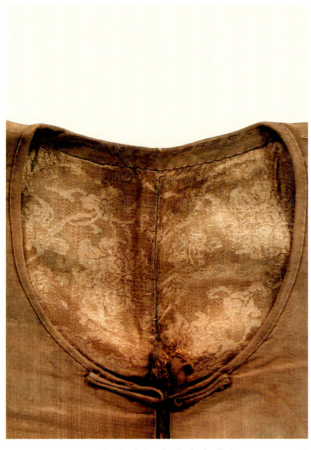

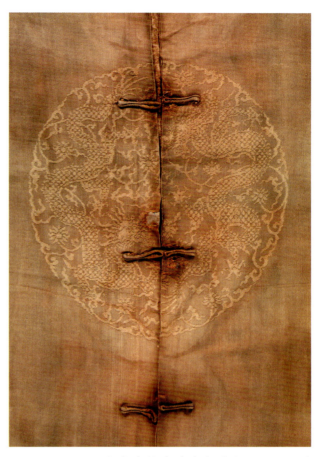

图 4-277　团二龙戏珠纹暗花绫夹褂（M3：29-1）
领口局部

图 4-278　团二龙戏珠纹暗花绫夹褂（M3：29-1）
扣袢局部

图 4-279　团二龙戏珠纹暗花绫夹褂（M3：29-1）
袖口团龙纹局部

图 4-280　团二龙戏珠纹暗花绫夹褂（M3：29-1）
面料单元纹样线描图

图4-281　团二龙戏珠纹暗花绫夹褂（M3：29-1）
里衬花纹局部

图4-282　团二龙戏珠纹暗花绫夹褂（M3：29-1）
里衬花纹线描图

图4-283　团二龙戏珠纹暗花绫夹褂（M3：29-1）
面料组织显微图

图4-284　团二龙戏珠纹暗花绫夹褂（M3：29-1）
面料组织结构线图

图4-285　团二龙戏珠纹暗花绫夹褂（M3：29-1）
里衬组织显微图

图4-286　团二龙戏珠纹暗花绫夹褂（M3：29-1）
里衬组织结构线图

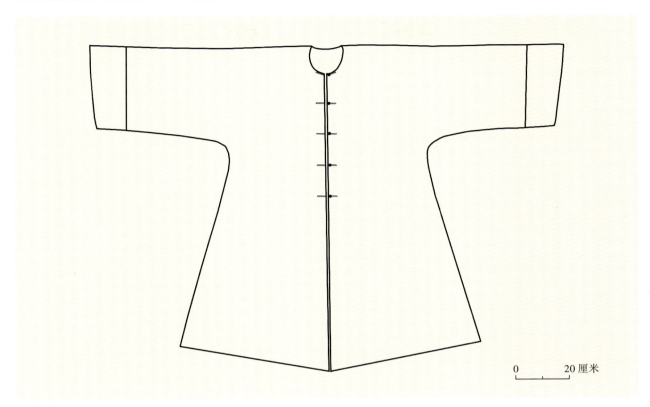

图 4-287　团二龙戏珠纹暗花绫夹褂（M3：29-1）前视图

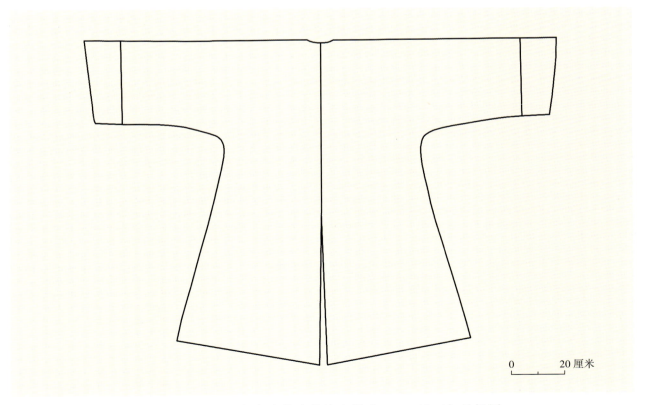

图 4-288　团二龙戏珠纹暗花绫夹褂（M3：29-1）后视图

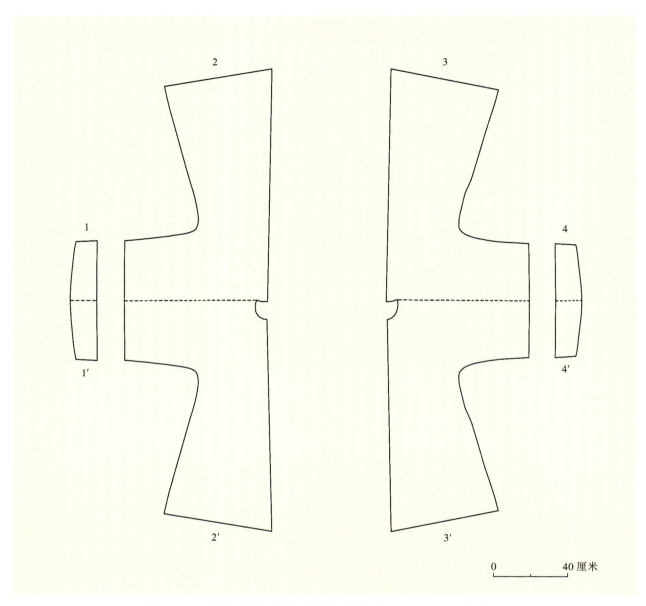

图 4-289　团二龙戏珠纹暗花绫夹褂（M3：29-1）裁剪图
1、1'、4、4'.袖缘　2、2'、3、3'.前后襟肩通袖

4.3.5　五蝠团兽纹暗花绉绸六品文官补褂（M3：48）

　　文物呈现棕黄色，通袖长 170 厘米，衣长 125 厘米，领宽 10 厘米，领高 10 厘米，下摆宽 101 厘米。对襟，圆领，短宽袖，左右开裾，胸前四对扣袢，面料由 4 片布料拼接而成，面料上织有五蝠团兽（五福团寿）纹样。胸前背后缝缀六品文官云蝠杂宝鹭鸶纹方补两片，尺寸为 31 厘米 × 31 厘米。（图 4-290~4-308）

　　面料地组织：经线密度 120 根 / 厘米，投影宽度 0.10 毫米，两股经线并丝合成一股经线，无捻，黄色。纬线密度 40 根 / 厘米，投影宽度 0.22 毫米，强 Z 捻，黄色。组织结构为平纹暗花绉绸。

图 4-290 五蝠团兽纹暗花绉绸六品文官补褂（M3：48）修复前正面

图 4-291　五蝠团兽纹暗花绉绸六品文官补褂（M3：48）修复前背面

图 4-292　五蝠团兽纹暗花绉绸六品文官补褂（M3：48）修复后正面

图 4-293　五蝠团兽纹暗花绉绸六品文官补褂（M3：48）修复后背面

图 4-294　五蝠团兽纹暗花绉绸六品文官补褂（M3 ： 48）领口局部

图 4-295　五蝠团兽纹暗花绉绸六品文官补褂（M3 ： 48）方补局部

图 4-296　五蝠团兽纹暗花绉绸六品文官补褂
（M3：48）面料纹样局部

图 4-297　五蝠团兽纹暗花绉绸六品文官补褂
（M3：48）面料单元纹样线描图

图 4-298　五蝠团兽纹暗花绉绸六品文官补褂（M3：48）里衬纹样局部

图 4-299　五蝠团兽纹暗花绉绸六品文官补褂（M3：48）里衬单元纹样线描图

图 4-300　五蝠团兽纹暗花绉绸六品文官补褂
（M3：48）面料地组织显微图

图 4-301　五蝠团兽纹暗花绉绸六品文官补褂
（M3：48）面料地组织结构线图

图 4-302　五蝠团兽纹暗花绉绸六品文官补褂
（M3：48）里衬组织显微图

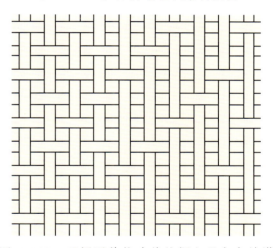

图 4-303　五蝠团兽纹暗花绉绸六品文官补褂
（M3：48）里衬组织结构线图

图 4-304　五蝠团兽纹暗花绉绸六品文官补褂
（M3：48）方补边缘捻金线局部

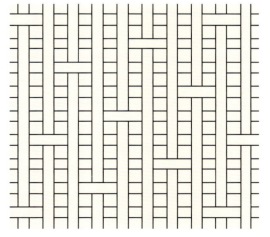

图 4-305　五蝠团兽纹暗花绉绸六品文官补褂
（M3：48）方补地组织结构线图

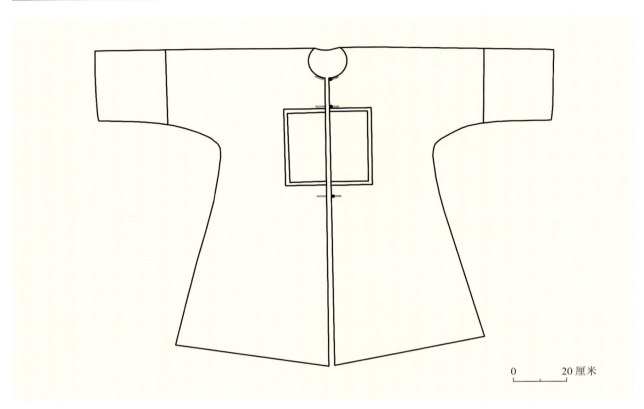

0　　　20厘米

图 4-306　五蝠团兽纹暗花绉绸六品文官补褂（M3：48）前视图

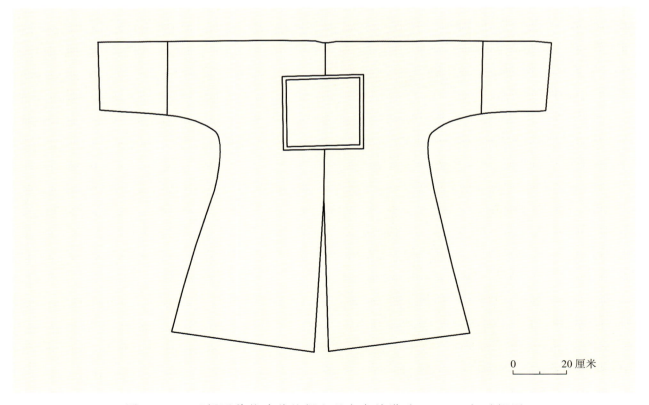

0　　　20厘米

图 4-307　五蝠团兽纹暗花绉绸六品文官补褂（M3：48）后视图

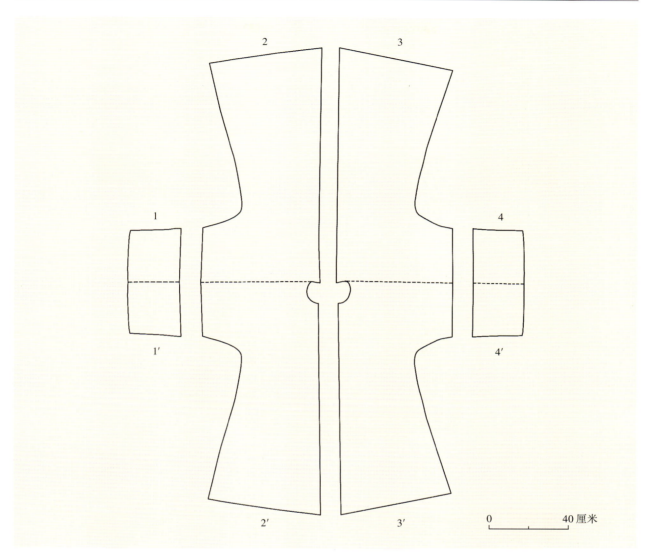

图 4-308　五蝠团兽纹暗花绉绸六品文官补褂（M3 ：48）裁剪图
1、1′、4、4′.袖缘　2、2′、3、3′.前后襟肩通袖

里衬地组织结构：经线密度 50 根 / 厘米，投影宽度 0.15 毫米，无捻，黄色。纬线密度 40 根 / 厘米，投影宽度 0.21 毫米，无捻，黄色。组织结构为平纹地组织上起三上一下右斜纹绸。

方补地组织结构：经线密度 100 根 / 厘米，投影宽度 0.08 毫米，Z 捻，黄色。纬线密度 60 根 / 厘米，投影宽度 0.21 毫米，无捻，黄色。组织结构为八枚三飞经面缎。

方补边缘用捻金线围绕，投影宽度 0.25 毫米。金线芯为 Z 捻丝线，投影宽度 0.16 毫米。

服装花纹：

方补：太阳、卷云、蝙蝠、鹭鸶、仙桃、灵芝、水仙花、珊瑚、方胜、火珠、如意、卍字、画轴、方孔钱、犀角、山石、平水、回纹

面料：蝙蝠、云纹、S 纹、抽象动物纹、莲花

里衬：抽象莲花、抽象梅花

4.3.6　素绢夹袍（M3：29-3）

文物呈现土黄色，通袖长 190 厘米，衣长 117 厘米，领宽 15 厘米，领高 8 厘米，下摆宽 103 厘米。右衽，圆领，窄长袖，左右开裾。（图 4-309~4-318）

图 4-309　素绢夹袍（M3：29-3）修复前正面

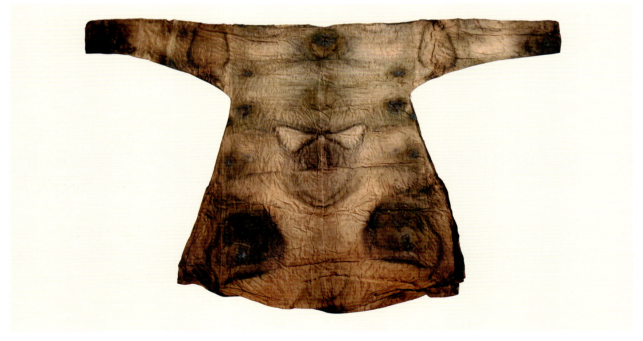

图 4-310　素绢夹袍（M3：29-3）修复前背面

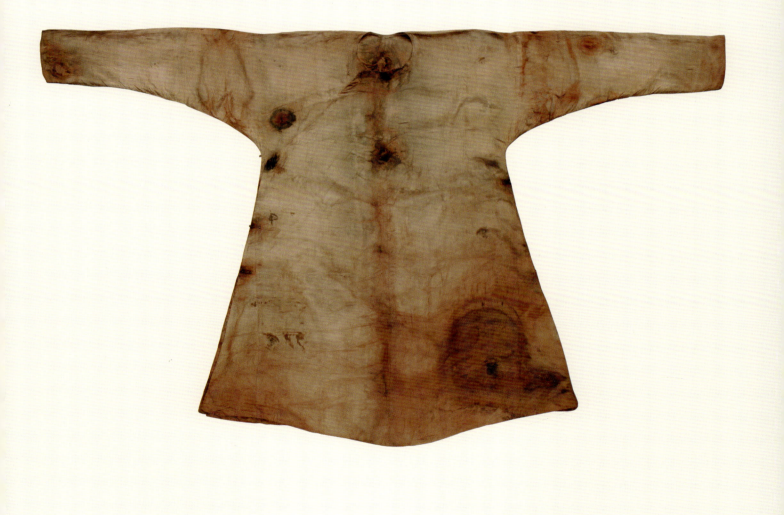

图 4-311　素绢夹袍（M3：29-3）修复后正面

图 4-312　素绢夹袍（M3：29-3）修复后背面

　　面料：经线密度 68 根 / 厘米，投影宽度 0.15 毫米，无捻，黄色。纬线密度 52 根 / 厘米，投影宽度 0.18 毫米，无捻，黄色。组织结构为平纹绢。

　　里衬：经线密度 50 根 / 厘米，投影宽度 0.13 毫米，无捻，黄色。纬线密度 40 根 / 厘米，投影宽度 0.15 毫米，无捻，黄色。组织结构为平纹绢。

图 4-313　素绢夹袍（M3 ∶ 29-3）面料组织显微图

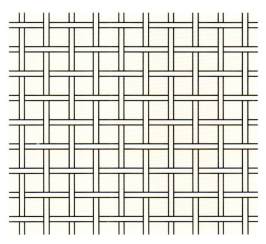

图 4-314　素绢夹袍（M3 ∶ 29-3）面料组织结构线图

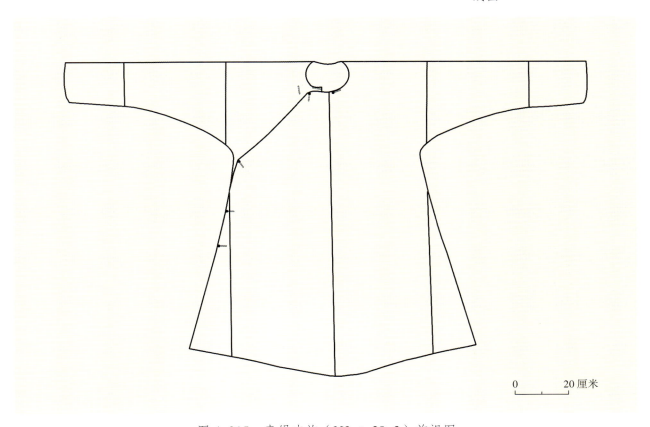

0　　　　20 厘米

图 4-315　素绢夹袍（M3 ∶ 29-3）前视图

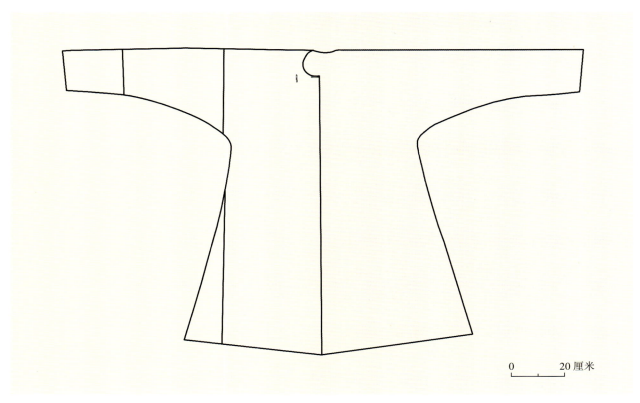

图 4-316　素绢夹袍（M3 ∶ 29-3）小襟正视图

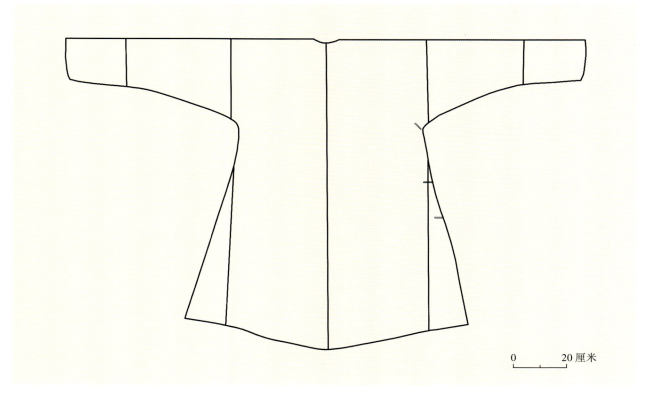

图 4-317　素绢夹袍（M3 ∶ 29-3）后视图

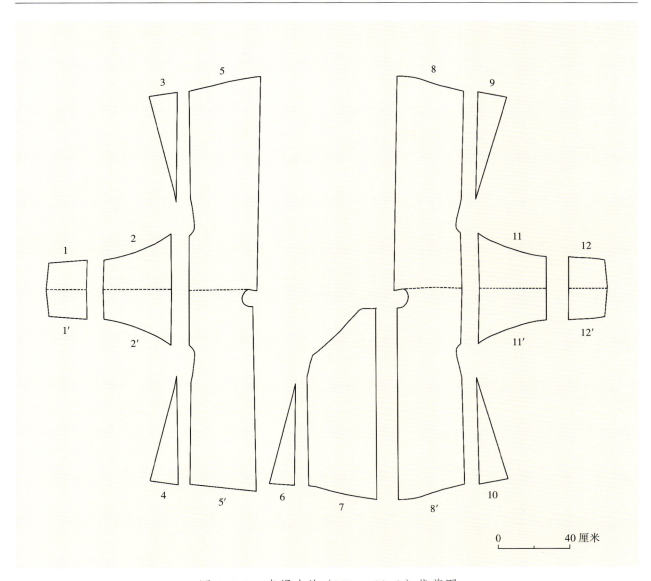

图 4-318　素绢夹袍（M3：29-3）裁剪图
1、1′、12、12′.袖缘　2、2′、11、11′.接袖　3、4、9、10.下摆两侧接片　5、5′、8、8′.前后襟肩通袖
6.大襟接片　7.大襟

4.3.7　团花太极纹暗花绉绸夹袍（M3：31）

文物呈现姜黄色，通袖长215厘米，衣长136厘米，领宽13厘米，领高14厘米，下摆宽95厘米。右衽，圆领，马蹄袖，前后开裾，面料上织有团花太极纹样。（图4-319~4-336）

面料地组织：经线密度64根/厘米，投影宽度0.17毫米，无捻，黄色。纬线密度28根/厘米，投影宽度0.14毫米，两股强S捻与两股强Z捻相间排列，黄色。面料为平纹地组织上起三上一下左斜纹花的绉绸织物。

里衬地组织：经线密度52根/厘米，投影宽度0.16毫米，无捻，黄色。纬线密度42根/厘米，投影宽度0.19毫米，无捻，黄色。里衬为平纹地组织上起三上一下右斜纹的绸织物。

图 4-319　团花太极纹暗花绉绸夹袍（M3 ∶ 31）修复前正面

图 4-320　团花太极纹暗花绉绸夹袍（M3 ： 31）修复前背面

图 4-321　团花太极纹暗花绉绸夹袍（M3：31）修复后正面

图 4-322　团花太极纹暗花绉绸夹袍（M3 ：31）修复后背面

图 4-323　团花太极纹暗花绉绸夹袍（M3：31）面料花纹局部

图 4-324　团花太极纹暗花绉绸夹袍（M3：31）面料花纹线描图

图 4-325　团花太极纹暗花绉绸夹袍（M3 ∶ 31）
马蹄袖局部

图 4-328　团花太极纹暗花绉绸夹袍（M3 ∶ 31）
面料组织显微图

图 4-326　团花太极纹暗花绉绸夹袍（M3 ∶ 31）
里衬花纹局部

图 4-329　团花太极纹暗花绉绸夹袍（M3 ∶ 31）
面料组织显微图

图 4-327　团花太极纹暗花绉绸夹袍（M3 ∶ 31）
里衬花纹局部线描图

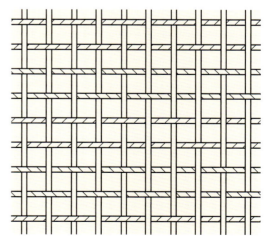

图 4-330　团花太极纹暗花绉绸夹袍（M3 ∶ 31）
面料组织结构线图

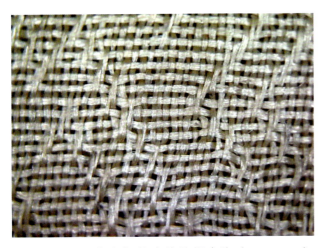

图 4-331　团花太极纹暗花绉绸夹袍（M3：31）
　　　　　里衬组织显微图

图 4-332　团花太极纹暗花绉绸夹袍（M3：31）
　　　　　里衬组织结构线图

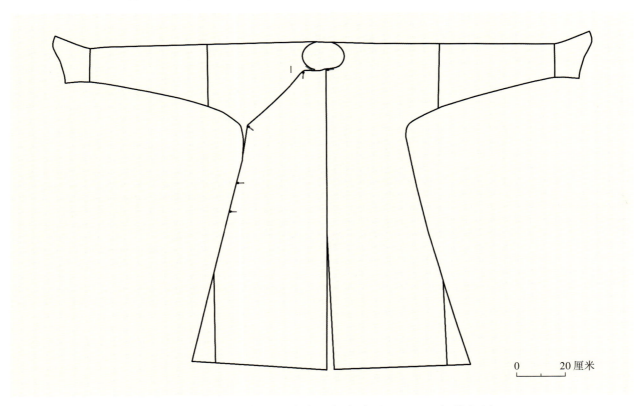

0　　　20厘米

图 4-333　团花太极纹暗花绉绸夹袍（M3：31）前视图

　　袖口里衬：经线密度 90 根 / 厘米，投影宽度 0.10 毫米，无捻，黄色。纬线密度 60 根 / 厘米，
投影宽度 0.15 毫米，无捻，黄色。组织结构为五枚二飞经面缎。

　　服装花纹：

　　面料：牡丹、蔓草、太极

　　里衬：卍字、莲花

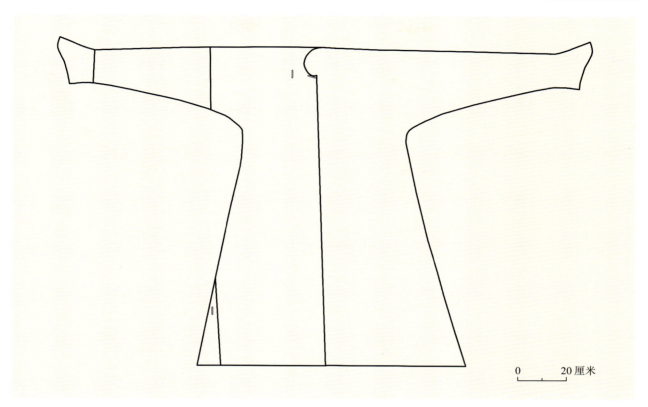

图 4-334　团花太极纹暗花绉绸夹袍（M3 ： 31）小襟正视图

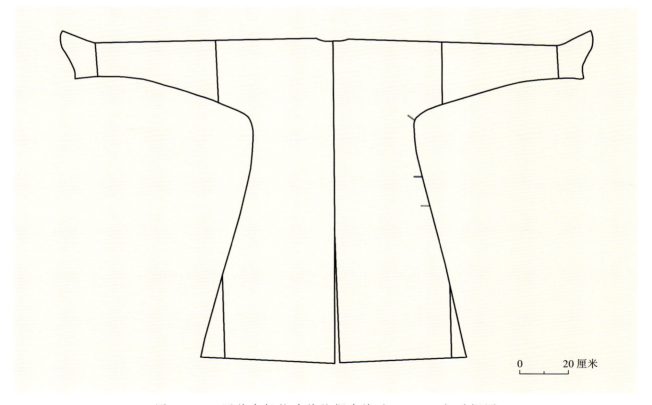

图 4-335　团花太极纹暗花绉绸夹袍（M3 ： 31）后视图

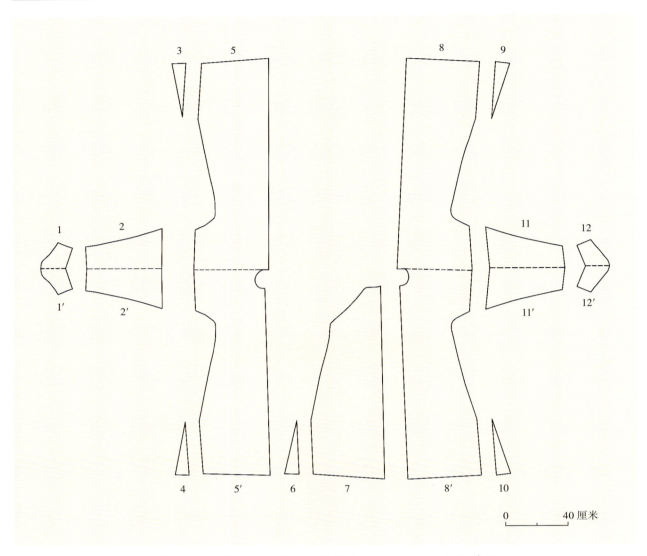

图 4-336 团花太极纹暗花绉绸夹袍（M3∶31）裁剪图
1、1′、12、12′.马蹄袖缘 2、2′、11、11′.接袖 3、4、9、10.下摆两侧接片 5、5′、8、8′.前后襟肩通袖
6.大襟接片 7.大襟

4.3.8 团二龙戏珠纹暗花绫夹袍（M3∶32）

文物呈现米黄色，通袖长 208 厘米，衣长 143 厘米，领宽 12 厘米，领高 11 厘米，下摆宽 113 厘米。右衽，圆领，马蹄袖，前后开裾，大襟有五对扣袢。面料织有团二龙戏珠纹样，单元纹样尺寸直径为 21.5 厘米。背面里衬下摆处织有文字。（图 4-337~4-357）

面料：经线密度 62×2 根/厘米，投影宽度 0.10 毫米，单丝弱 Z 捻，黄色。纬线密度 50 根/厘米，投影宽度 0.21 毫米，无捻，黄色。地组织为二上一下左斜纹，花组织为一上五下左斜纹，组织结构为暗花绫。

里衬：经线密度 64 根/厘米，投影宽度 0.17 毫米，无捻，黄色。纬线密度 40 根/厘米，投影宽度 0.18 毫米，无捻，黄色。地组织为平纹，花组织为三上一下右斜纹，组织结构为平纹暗花绸织物。

图 4-337　团二龙戏珠纹暗花绫夹袍（M3：32）修复前正面

图 4-338　团二龙戏珠纹暗花绫夹袍（M3 ∶ 32）修复前背面

图 4-339　团二龙戏珠纹暗花绫夹袍（M3：32）修复后正面

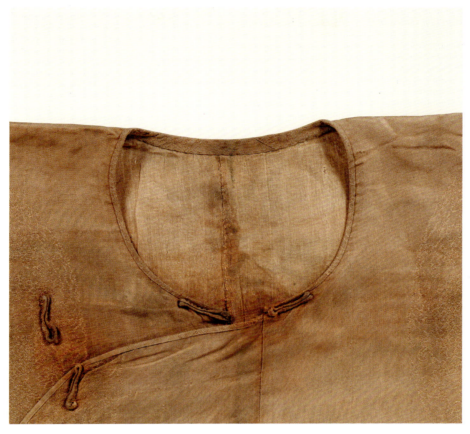

图 4-341　团二龙戏珠纹暗花绫夹袍（M3：32）领口局部

图 4-342　团二龙戏珠纹暗花绫夹袍（M3：32）
面料花纹局部

图 4-343　团二龙戏珠纹暗花绫夹袍（M3：32）
面料花纹线描图

图 4-344　团二龙戏珠纹暗花绫夹袍（M3：32）里衬花纹局部

图 4-345　团二龙戏珠纹暗花绫夹袍（M3：32）里衬花纹线描图

图 4-346　团二龙戏珠纹暗花绫夹袍（M3：32）里衬边缘"广源福置"织款

图 4-347　团二龙戏珠纹暗花绫夹袍（M3：32）
面料花纹组织显微图

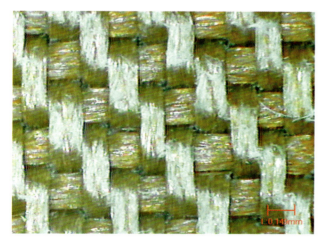

图 4-348　团二龙戏珠纹暗花绫夹袍（M3：32）
面料地组织显微图

图 4-349　团二龙戏珠纹暗花绫夹袍（M3：32）
面料地组织结构线图

图 4-350　团二龙戏珠纹暗花绫夹袍（M3：32）
里衬组织显微图

图 4-351　团二龙戏珠纹暗花绫夹袍（M3：32）
里衬组织结构线图

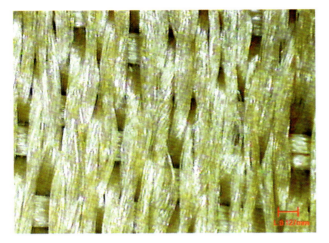

图 4-352　团二龙戏珠纹暗花绫夹袍（M3：32）　　图 4-353　团二龙戏珠纹暗花绫夹袍（M3：32）
　　　　　袖口地组织显微图　　　　　　　　　　　　　　　　袖口地组织结构线图

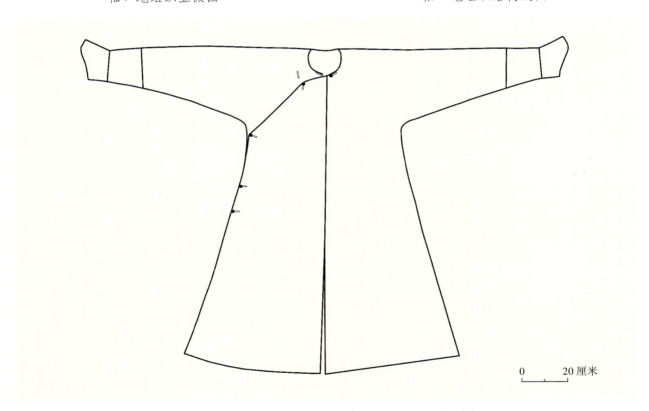

图 4-354　团二龙戏珠纹暗花绫夹袍（M3：32）前视图

　　袖口里衬：经线密度 130 根 / 厘米，投影宽度 0.08 毫米，无捻，黄色。纬线密度 20 根 / 厘米，投影宽度 0.20 毫米，无捻，黄色。组织结构为八枚二飞经面缎。

　　服装花纹：

　　面料：升龙、降龙、火珠、莲花

　　里衬：萱草、灵芝、"广源福置"织款

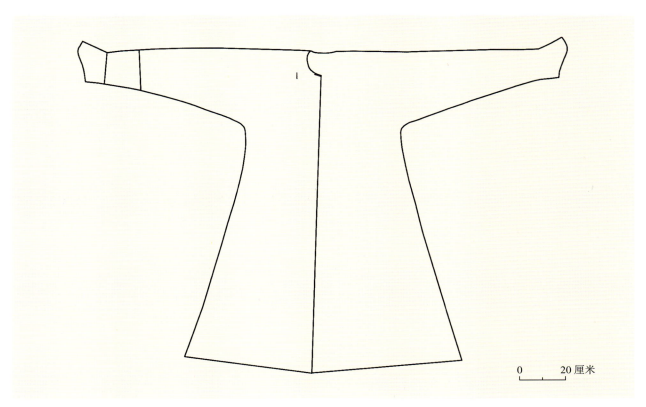

图 4-355　团二龙戏珠纹暗花绫夹袍（M3：32）小襟正视图

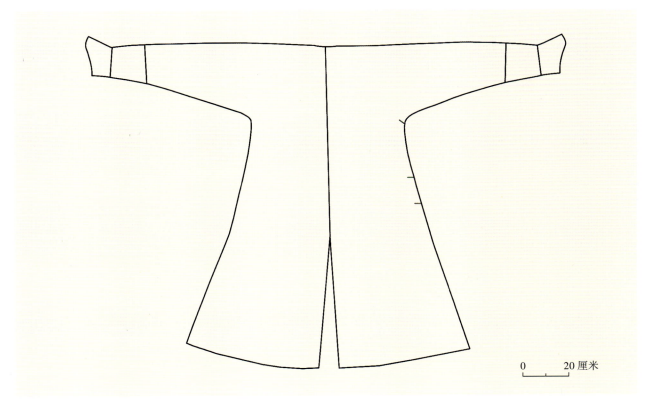

图 4-356　团二龙戏珠纹暗花绫夹袍（M3：32）后视图

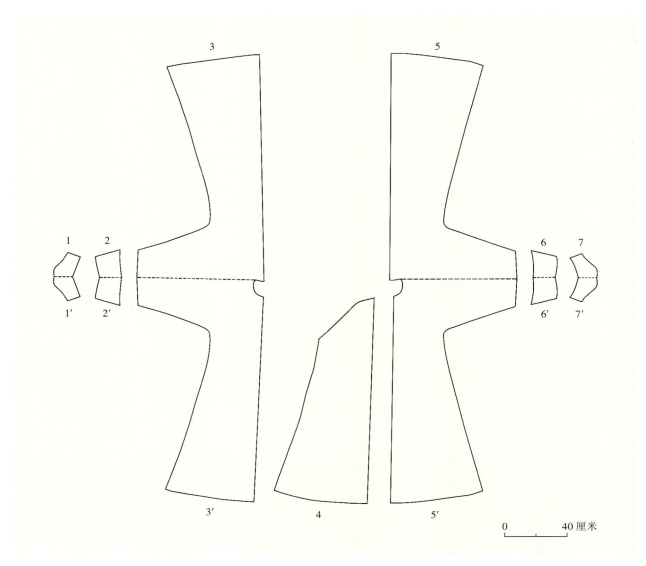

图 4-357　团二龙戏珠纹暗花绫夹袍（M3：32）裁剪图
1、1′、7、7′.马蹄袖缘　2、2′、6、6′.接袖　3、3′、5、5′.前后襟肩通袖　4.大襟

4.3.9　团二龙戏珠纹缀立领暗花绉绸夹袍（M3：51）

文物呈现土黄色，通袖长 212 厘米，衣长 138 厘米，下摆宽 116 厘米。缝缀的立领长 44 厘米，宽 4 厘米（对折后）。右衽，立领，马蹄袖，前后开裾，面料上织有团二龙戏珠纹样。（图 4-358~4-377）

面料地组织：经线密度 40 根/厘米，投影宽度 0.21 毫米，并丝排列，无捻，黄色。纬线密度 38 根/厘米，投影宽度 0.27 毫米，强 Z 捻，黄色。地组织为平纹，花组织为三上一下右斜纹，面料组织结构为绉绸。

马蹄袖里衬组织：经线密度 140 根/厘米，投影宽度 0.08 毫米，Z 捻，黄色。纬线密度 60 根/厘米，投影宽度 0.23 毫米，无捻，黄色。组织结构为八枚三飞暗花缎。

图 4-358　团二龙戏珠纹缀立领暗花绸绸夹袍（M3：51）修复前正面

图 4-359　团二龙戏珠纹缀立领暗花绉绸夹袍（M3 ∶ 51）修复前背面

图 4-362　团二龙戏珠纹缀立领暗花绉绸夹袍（M3 ： 51）面料花纹局部

图 4-363　团二龙戏珠纹缀立领暗花绉绸夹袍（M3 ： 51）面料花纹线描图

图 4-364　团二龙戏珠纹缀立领暗花绉绸夹袍（M3：51）马蹄袖里衬团花纹局部

图 4-365　团二龙戏珠纹缀立领暗花绉绸夹袍（M3：51）马蹄袖里衬蝴蝶梅花纹局部

图 4-366　团二龙戏珠纹缀立领暗花绉绸夹袍（M3：51）马蹄袖里衬蝴蝶桃花纹局部

图 4-367　团二龙戏珠纹缀立领暗花绉绸夹袍（M3：51）马蹄袖里衬花纹线描图

图 4-368　团二龙戏珠纹缀立领暗花绉绸夹袍
（M3：51）面料地组织显微图

图 4-369　团二龙戏珠纹缀立领暗花绉绸夹袍
（M3：51）面料地组织结构线图

图 4-370　团二龙戏珠纹缀立领暗花绉绸夹袍
（M3：51）马蹄袖里衬组织显微图

图 4-371　团二龙戏珠纹缀立领暗花绉绸夹袍
（M3：51）马蹄袖里衬组织结构线图

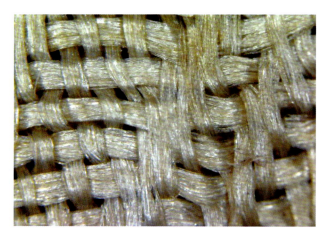

图 4-372　团二龙戏珠纹缀立领暗花绉绸夹袍
（M3∶51）里衬组织显微图

图 4-373　团二龙戏珠纹缀立领暗花绉绸夹袍
（M3∶51）里衬组织结构线图

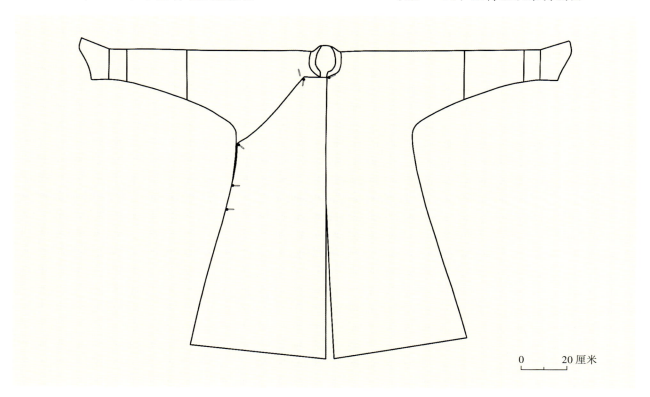

0　　　20厘米

图 4-374　团二龙戏珠纹缀立领暗花绉绸夹袍（M3∶51）前视图

　　里衬地组织：经线密度 54 根 / 厘米，投影宽度 0.19 毫米，无捻，黄色。纬线密度 48 根 / 厘米，投影宽度 0.20 毫米，无捻，黄色。地组织为平纹，花组织为三上一下右斜纹，面料组织结构为平纹暗花绸。

　　服装花纹：

　　面料：兽面纹、回纹、龙纹、火珠、莲蓬

　　里衬：抽象莲花、抽象梅花、牡丹、梅花、桃花、蝴蝶

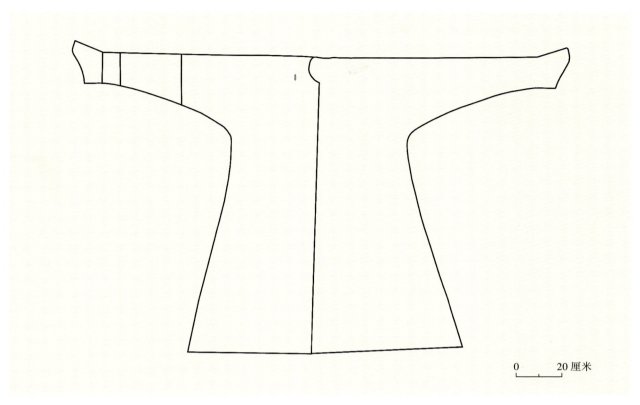

0　　20厘米

图 4-375　团二龙戏珠纹缀立领暗花绉绸夹袍（M3 ∶ 51）小襟正视图

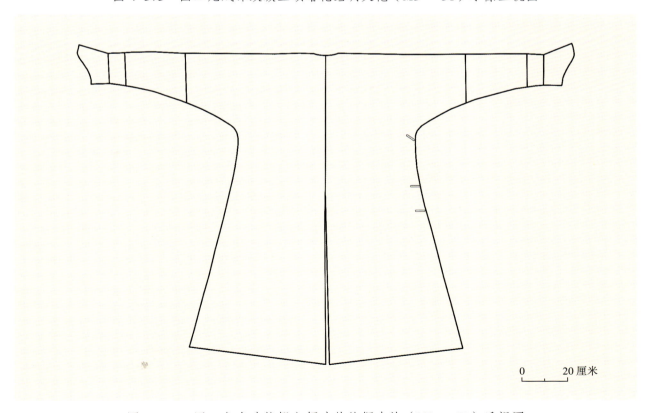

0　　20厘米

图 4-376　团二龙戏珠纹缀立领暗花绉绸夹袍（M3 ∶ 51）后视图

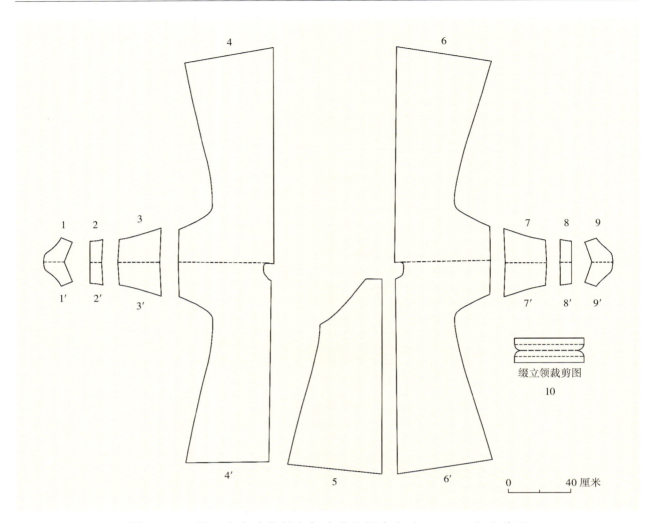

图 4-377　团二龙戏珠纹缀立领暗花绉绸夹袍（M3：51）裁剪图
1、1′、9、9′. 马蹄袖　2、2′、8、8′. 小接袖　3、3′、7、7′. 大接袖　4、4′、6、6′. 前后襟肩通袖　5. 大襟
10. 单独立领

4.3.10　绣金龙吉祥纹绫蟒袍（M3：49）

文物呈现姜黄色，通袖长 208 厘米，衣长 143 厘米，领宽 12 厘米，领高 14 厘米，下摆宽 117 厘米。右衽，圆领，马蹄袖，前后开裾，面料上有刺绣花纹。（图 4-378~4-412）

面料地组织：经线密度 60 根 / 厘米，投影宽度 0.10 毫米，弱 Z 捻，黄色。纬线密度 50 根 / 厘米，投影宽度 0.20 毫米，无捻，黄色。组织结构为二上一下左斜纹绫。

接袖面料组织：经线密度 150 根 / 厘米，投影宽度 0.06 毫米，弱 Z 捻，黄色。纬线密度 60 根 / 厘米，投影宽度 0.19 毫米，无捻，黄色。组织结构为八枚三飞经面缎。

里衬地组织：经线密度 80 根 / 厘米，投影宽度 0.12 毫米，无捻，黄色。纬线密度 60 根 / 厘米，投影宽度 0.14 毫米，无捻，黄色。组织结构为五枚二飞经面缎。

袖口里衬：经线密度 100 根 / 厘米，投影宽度 0.11 毫米，无捻，黄色。纬线密度 40 根 / 厘米，投影宽度 0.24 毫米，无捻，黄色。组织结构为五枚二飞暗花缎。

图 4-378　绣金龙吉祥纹绫蟒袍（M3：49）修复前正面

图 4-379　绣金龙吉祥纹绫蟒袍（M3：49）修复前背面

图 4-387　绣金龙吉祥纹绫蟒袍（M3：49）水仙、
灵芝、海水江崖局部

图 4-388　绣金龙吉祥纹绫蟒袍（M3：49）法轮、
莲花局部

图 4-389　绣金龙吉祥纹绫蟒袍（M3：49）宝伞、
珊瑚、莲花局部

图 4-390　绣金龙吉祥纹绫蟒袍（M3：49）法螺、
莲花、仙桃局部

图 4-391　绣金龙吉祥纹绫蟒袍（M3：49）吉祥结、珊瑚、莲花局部

图 4-392　绣金龙吉祥纹绫蟒袍（M3：49）莲花、蝙蝠局部

图4-393　绣金龙吉祥纹绫蟒袍（M3∶49）宝瓶、
牡丹、蝙蝠局部

图4-394　绣金龙吉祥纹绫蟒袍（M3∶49）双鱼、
蝙蝠局部

图4-395　绣金龙吉祥纹绫蟒袍（M3∶49）宝盖、
莲花局部

图4-396　绣金龙吉祥纹绫蟒袍（M3∶49）犀角、
牡丹、卍字、蝙蝠局部

图 4-397　绣金龙吉祥纹绫蟒袍（M3∶49）珊瑚、
牡丹、卍字局部

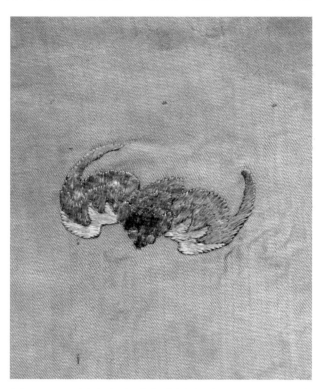

图 4-398　绣金龙吉祥纹绫蟒袍（M3∶49）小襟
上的蝙蝠局部

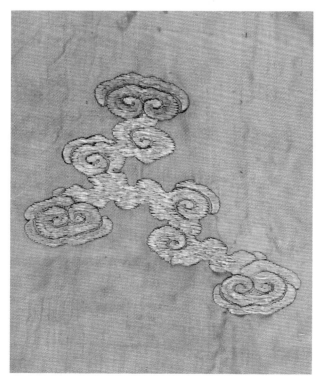

图 4-399　绣金龙吉祥纹绫蟒袍（M3∶49）小襟
上的如意连云局部

图 4-400　绣金龙吉祥纹绫蟒袍（M3∶49）马蹄
袖口里衬花纹局部

图 4-401　绣金龙吉祥纹绫蟒袍（M3：49）表面
打籽刺绣局部

图 4-402　绣金龙吉祥纹绫蟒袍（M3：49）金线
显微图

图 4-403　绣金龙吉祥纹绫蟒袍（M3：49）表面
平绣局部

图 4-404　绣金龙吉祥纹绫蟒袍（M3：49）面料
组织结构线图

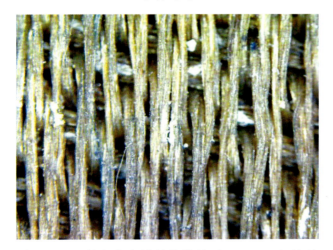

图 4-405　绣金龙吉祥纹绫蟒袍（M3：49）接袖
组织显微图

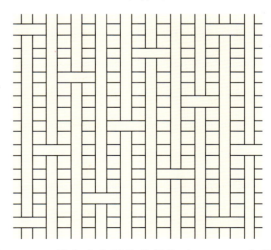

图 4-406　绣金龙吉祥纹绫蟒袍（M3：49）接袖
组织结构线图

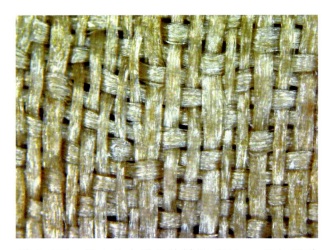

图 4-407　绣金龙吉祥纹绫蟒袍（M3∶49）里衬
组织显微图

图 4-408　绣金龙吉祥纹绫蟒袍（M3∶49）里衬
组织结构线图

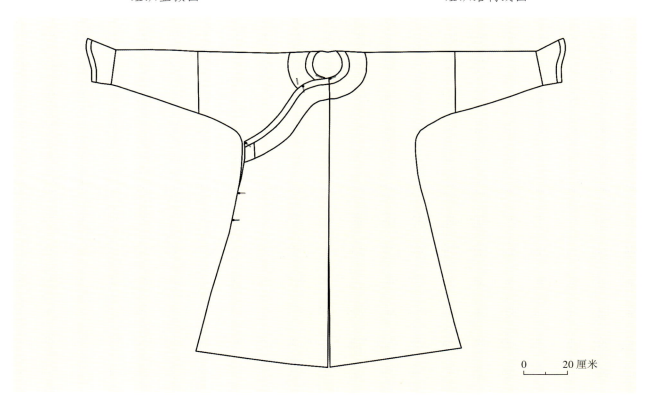

0　　　20厘米

图 4-409　绣金龙吉祥纹绫蟒袍（M3∶49）前视图

刺绣金龙使用的是捻金线，投影宽度 0.20 毫米。

服装花纹：

面料：坐龙、升龙、行龙、火珠、太阳、平水、山崖、法轮、宝伞、吉祥结、法螺、莲花、宝瓶、双鱼、宝盖、犀角、珊瑚、水仙、灵芝、仙桃、卍字、如意连云、蝙蝠、牡丹、如意

里衬：卍字、莲花

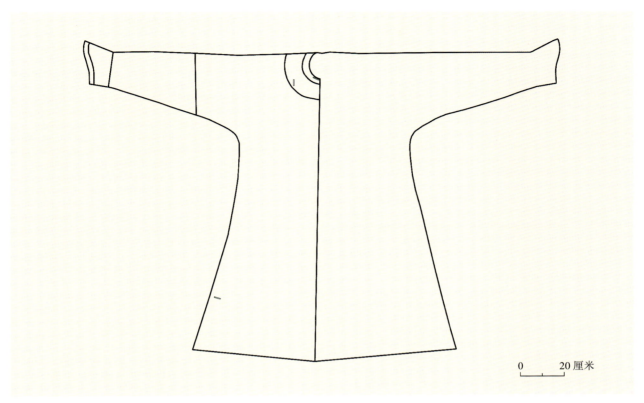

0 20厘米

图 4-410 绣金龙吉祥纹绫蟒袍（M3 ： 49）小襟正视图

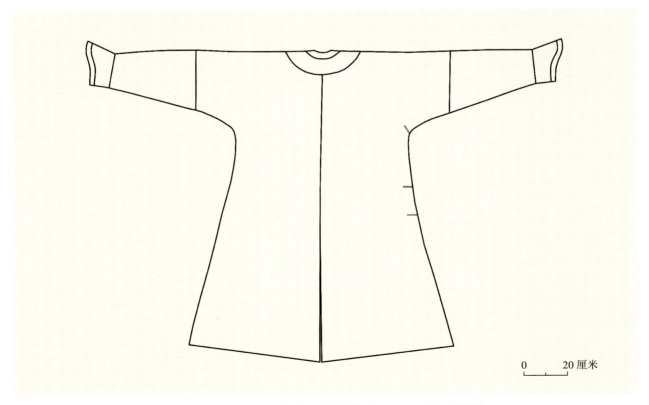

0 20厘米

图 4-411 绣金龙吉祥纹绫蟒袍（M3 ： 49）后视图

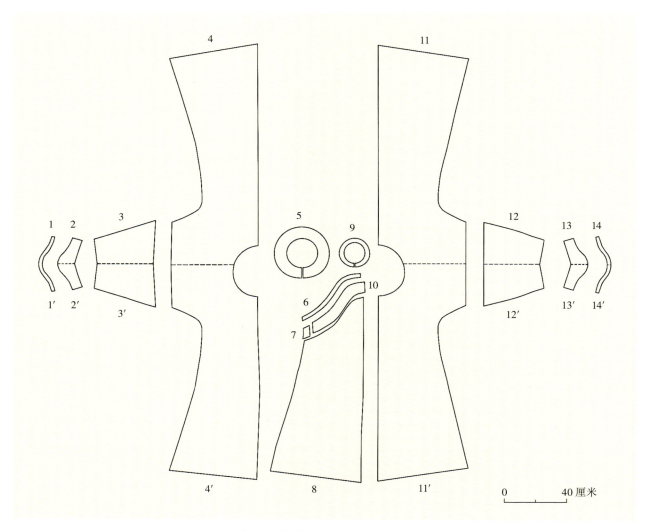

图 4-412　绣金龙吉祥纹绫蟒袍（M3：49）裁剪图
1、1′、14、14′.片金袖缘　2、2′、13、13′.马蹄袖　3、3′、12、12′.接袖　4、4′、11、11′.前后襟肩通袖
5.大圆领　6、7、10.领片　8.大襟　9.小圆领

4.3.11　缠枝花卉纹暗花缎宽腰夹裤（M3：54）、素绉纱腰带（M3：55）

（1）缠枝花卉纹暗花缎宽腰夹裤（M3：54）

　　文物呈现姜黄色。由七片布料拼接而成。双层织物，两面的裁剪与尺寸完全相同。腿部两侧面料花纹为缠枝牡丹花卉纹。裆部面料花纹为缠枝菊花、折枝梅花纹。腰部与里衬布料相同，里衬单元纹样为莲花和梅花的变异花纹。（图 4-413~4-430）

　　面料：经线密度 95 根 / 厘米，投影宽度 0.12 毫米，无捻，黄色。纬线密度 55 根 / 厘米，投影宽度 0.21 毫米，无捻，黄色。组织结构为五枚二飞暗花缎。

　　里衬：经线密度 60 根 / 厘米，投影宽度 0.13 毫米，无捻，黄色。纬线密度 40 根 / 厘米，投影宽度 0.21 毫米，无捻，黄色。组织结构为平纹地起三上一下右斜纹绸。

图 4-413　缠枝花卉纹暗花缎宽腰夹裤（M3：54）、素绉纱腰带（M3：55）修复前正面

图 4-414　缠枝花卉纹暗花缎宽腰夹裤（M3 ： 54）、素绉纱腰带（M3 ： 55）修复前背面

图 4-415　缠枝花卉纹暗花缎宽腰夹裤（M3 ： 54）修复后正面

图 4-416　缠枝花卉纹暗花缎宽腰夹裤（M3 ： 54）修复后背面

图 4-417　缠枝花卉纹暗花缎宽腰夹裤（M3：54）
腿部花纹局部

图 4-418　缠枝花卉纹暗花缎宽腰夹裤（M3：54）
腿部花纹单元纹样线描图

图 4-419　缠枝花卉纹暗花缎宽腰夹裤（M3：54）
裆部花纹局部

图 4-420　缠枝花卉纹暗花缎宽腰夹裤（M3：54）
裆部花纹单元纹样线描图

图 4-421　缠枝花卉纹暗花缎宽腰夹裤（M3：54）
里衬花纹局部

图 4-422　缠枝花卉纹暗花缎宽腰夹裤（M3：54）
里衬花纹单元纹样线描图

图4-423　缠枝花卉纹暗花缎宽腰夹裤（M3：54）
面料地组织显微图

图4-424　缠枝花卉纹暗花缎宽腰夹裤（M3：54）
面料花部组织显微图

图4-425　缠枝花卉纹暗花缎宽腰夹裤（M3：54）
面料组织结构线图

图4-426　缠枝花卉纹暗花缎宽腰夹裤（M3：54）
里衬组织显微图

图4-427　缠枝花卉纹暗花缎宽腰夹裤（M3：54）
里衬组织结构线图

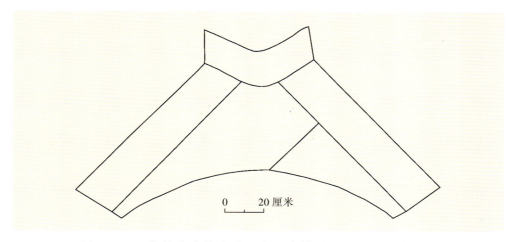

图 4-428　缠枝花卉纹暗花缎宽腰夹裤（M3：54）前视图

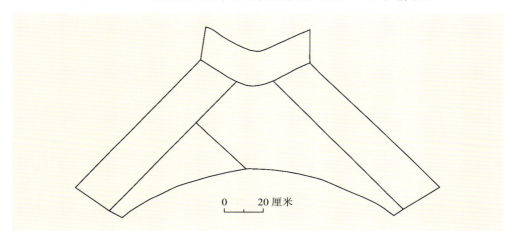

图 4-429　缠枝花卉纹暗花缎宽腰夹裤（M3：54）后视图

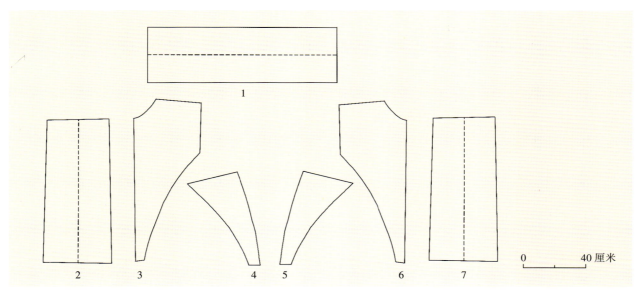

图 4-430　缠枝花卉纹暗花缎宽腰夹裤（M3：54）裁剪图
1.裤腰接片　2、7.裤管直片　3、6.大连裆裤管接片　4、5.小连裆裤管接片

服装花纹：

面料：缠枝牡丹、缠枝菊花、折枝梅花

里衬：抽象莲花、抽象梅花

（2）素缎单袜［缠枝花卉纹暗花缎宽腰夹裤（M3：54）附属物］

文物呈现姜黄色。单面由四片布料拼接而成，底部的布料缺失。左右两侧袜面各有五条纵向缝线，正面显露的针脚较小，背面针脚较大，较为松散。（图4-431~4-434）

面料：经线密度150根/厘米，投影宽度0.07毫米，弱Z捻，黄色。纬线密度60根/厘米，投影宽度0.21毫米，无捻，黑色。组织结构为八枚三飞经面缎。

缝线：投影宽度0.47毫米，Z捻，黄色。缝线针脚宽约1.20毫米。

图4-431　素缎单袜修复后状况

图4-432　素缎单袜局部

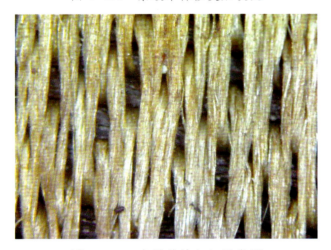

图4-433　素缎单袜组织显微图

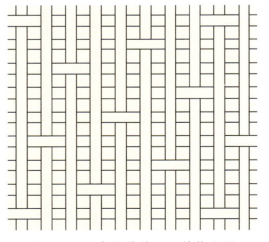

图4-434　素缎单袜组织结构线图

（3）**素绉纱腰带**（M3：55）

腰带呈现米黄色，单层，长 196 厘米，宽 11 厘米。（图 4-435~4-438）

面料：经线密度 60 根 / 厘米，投影宽度 0.11 毫米，无捻，黄色。纬线密度 40 根 / 厘米，投影宽度 0.17 毫米，两股 S 向强捻纬线与两股 Z 向强捻纬线相间排列，黄色。组织结构为平纹绉纱。

腰带两端有镂空带过渡，上下通幅。每端有 7 列镂空带，每列宽约 1.50 毫米。边缘有菱形网格及穗花，穗的单股丝线由两股 S 捻的丝线以 Z 捻的形式合成一股，穗长 18 厘米，投影宽度 0.42 毫米。

图 4-435　素绉纱腰带（M3：55）修复后正面

图 4-436　素绉纱腰带（M3：55）修复后背面

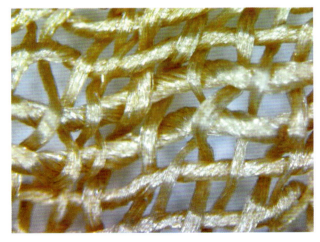

图 4-437　素绉纱腰带（M3：55）组织显微图

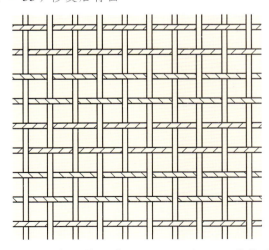

图 4-438　素绉纱腰带（M3：55）组织结构线图

4.3.12　素缎靴（M3 ： 39、M3 ： 40）

两件素缎靴（M3 ： 39、M3 ： 40）的形制、组织结构都极为接近，在此只以 M3 ： 39 为主进行研究，M3 ： 40 不再赘述。

文物呈现土黄色。单面由五片质地相同的布料拼接而成，靴底部位脱离。（图 4-439~4-445）

面料：经线密度 170 根 / 厘米，投影宽度 0.09 毫米，弱 Z 捻，黄色。纬线密度 60 根 / 厘米，投影宽度 0.18 毫米，无捻，黑色。组织结构为八枚三飞经面缎。

靴底部位针脚宽约 1 厘米，每根缝线为两股丝线以 S 向捻合，投影宽度约 1.25 毫米。

图 4-439　素缎靴（M3 ： 39、M3 ： 40）修复前状况

图 4-440　素缎靴（M3 ： 39、M3 ： 40）修复后状况

图 4-441　素缎靴（M3 ： 39）内部

图 4-442　素缎靴（M3 ： 39）下部

图 4-443　素缎靴（M3 ： 39、M3 ： 40）靴底保护后状况

图 4-444　素缎靴（M3 ： 39）面料组织显微图　　图 4-445　素缎靴（M3 ： 39）面料组织结构线图

4.3.13　折枝花卉纹暗花绉纱腰带（M3 ：41）

文物呈现棕黄色，单层，长 273.5 厘米，宽 24.3 厘米。（图 4-446~4-456）

面料：经线密度 64 根 / 厘米，投影宽度 0.16 毫米，无捻，棕黄色。纬线密度 32 根 / 厘米，投影宽度 0.21 毫米，两股 S 向强捻纬线与两股 Z 向强捻纬线相间排列，棕黄色。地组织为平纹绉，花组织为经向三上一下右斜纹，组织结构为平纹绉地起斜纹花纱。

正面有花纹，背面不明显。单元纹样为一朵折枝菊花和一朵折枝牡丹，花纹满布，间隙较小。单元纹样最长 27 厘米，最宽 18 厘米。织物可辨明经向有 9 组完整单元纹样，纬向有 2 组完整单元纹样。经向幅头幅边宽 0.6 厘米，平展。经向两侧有幅边宽 0.6 厘米，平展。幅尾没有压边。

丝带两端有镂空带过渡，上下通幅。每端各有两组镂空带，其中一组为 7 列，另一组为 2 列，每列宽约 2 毫米。两组镂空带中间有方形网格的提花，提花与丝带中间的花部结构相同，也是经

图 4-446　折枝花卉纹暗花绉纱腰带（M3 ：41）修复前状况

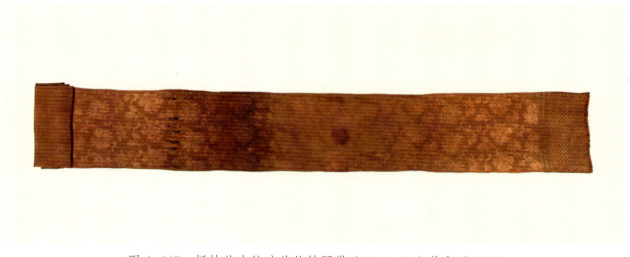

图 4-447　折枝花卉纹暗花绉纱腰带（M3 ：41）修复后正面

向三上一下右斜纹。幅头和幅尾的方形网格纹都是上层 9 个并排的方格（方格的尺寸约为 5 毫米 ×4 毫米）与下层 10 个并排的方格平行相间排列为一组单元纹样，从上至下循环 43 组。

织物花纹：

面料：折枝牡丹、折枝菊花、网格纹

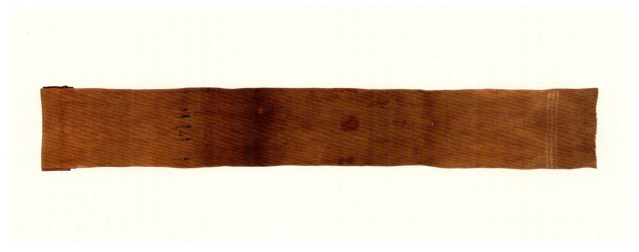

图 4-448　折枝花卉纹暗花绉纱腰带（M3：41）修复后背面

图 4-449　折枝花卉纹暗花绉纱腰带（M3：41）
面料花纹局部

图 4-450　折枝花卉纹暗花绉纱腰带（M3：41）
面料花纹单元纹样线描图

图 4-451　折枝花卉纹暗花绉纱腰带（M3：41）纹样复原图局部

图 4-452　折枝花卉纹暗花绉纱腰带（M3∶41）边缘局部

图 4-453　折枝花卉纹暗花绉纱腰带（M3∶41）
面料地组织显微图

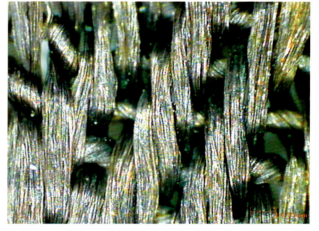

图 4-454　折枝花卉纹暗花绉纱腰带（M3∶41）
面料花纹显微图

图 4-455　折枝花卉纹暗花绉纱腰带（M3∶41）
面料镂空边缘显微图

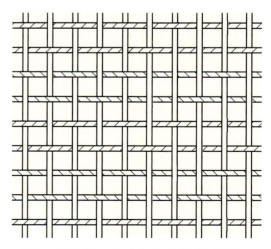

图 4-456　折枝花卉纹暗花绉纱腰带（M3∶41）
面料组织结构线图

4.3.14　花蝶纹暗花绉纱丝带（M3∶35、M3∶36）

两件花蝶纹暗花绉纱丝带（M3∶35、M3∶36）的形制、组织结构和花纹图案都极为接近，在此只以 M3∶35 为主进行研究，M3∶36 不再赘述。（图 4-457~4-471）

图 4-457　花蝶纹暗花绉纱丝带（M3∶35、M3∶36）修复前正面

图 4-458　花蝶纹暗花绉纱丝带（M3∶35、M3∶36）修复前背面

图 4-459　花蝶纹暗花绉纱丝带（M3：35）修复后正面

图 4-460　花蝶纹暗花绉纱丝带（M3：35）修复后背面

花蝶纹暗花绉纱丝带（M3：35）

文物呈现土黄色，单层，长 85 厘米，宽 35 厘米。

面料：经线密度 62 根/厘米，投影宽度 0.16 毫米，无捻，黄色。纬线密度 33 根/厘米，投影宽度 0.15 毫米，两股 S 向强捻纬线与两股 Z 向强捻纬线相间排列，黄色。地组织为平纹绉，花组织为经向三上一下右斜纹，组织结构为平纹绉地起斜纹花纱。

正面有花纹，背面不明显。单元纹样为一只朝右下方飞翔的蝴蝶和一朵折枝菊花、一只朝左上方飞翔的蝴蝶和一朵折枝牡丹，花纹满布，间隙较小。单元纹样最长 36 厘米，最宽 16 厘米。织物可辨明经向有 1 组完整单元纹样，纬向有 1 组完整单元纹样。经向两侧有幅边，宽 0.5 厘米，

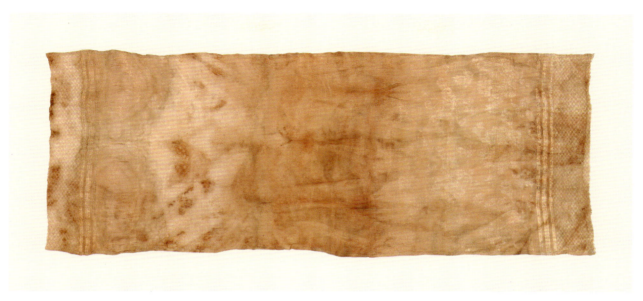

图 4-461　花蝶纹暗花绉纱丝带（M3 ： 36）修复后正面

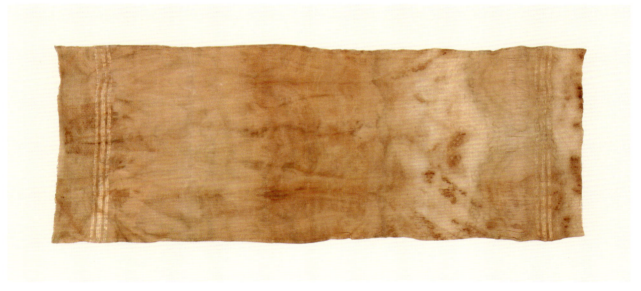

图 4-462　花蝶纹暗花绉纱丝带（M3 ： 36）修复后背面

平展。幅尾没有压边。

　　丝带两端有镂空带过渡，上下通幅。每端有 7 列镂空带，每列宽约 1.5 毫米。边缘有方形网格的提花。提花与丝带中间的花部结构相同，也是经向三上一下右斜纹。幅头是上层 11 个并排的方格（方格的尺寸约为 4 毫米 ×3 毫米）与下层 11 个并排的方格平行相间排列为一组单元纹样，从上至下循环 41 组。幅尾的网格纹是上层 8 个并排的方格（方格的尺寸约为 4 毫米 ×3 毫米）与下层 8 个并排的方格平行相间排列为一组单元纹样，从上至下循环 41 组。

　　织物花纹：

　　面料：折枝牡丹、折枝菊花、蝴蝶、网格纹

图4-463　花蝶纹暗花绉纱丝带（M3∶35）花纹　　　图4-464　花蝶纹暗花绉纱丝带（M3∶35）花纹
　　　　　　局部　　　　　　　　　　　　　　　　　　　　　　局部

图4-465　花蝶纹暗花绉纱丝带（M3∶35）花纹单元纹样线描图

图4-466　花蝶纹暗花绉纱丝带（M3∶35）复原图

图 4-467 花蝶纹暗花绉纱丝带（M3：35）边缘镂空局部

图 4-468 花蝶纹暗花绉纱丝带（M3：35）面料地组织显微图

图 4-469 花蝶纹暗花绉纱丝带（M3：35）面料花纹组织显微图

图 4-470 花蝶纹暗花绉纱丝带（M3：35）面料镂空边缘显微图

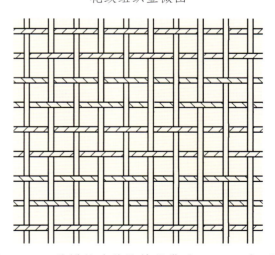

图 4-471 花蝶纹暗花绉纱丝带（M3：35）面料组织结构线图

4.3.15　花蝶纹绫缎拼接夹被（M3：34）

　　文物呈现土黄色，长95厘米，宽72厘米。外观长方形，双层织物，正面由三幅织物拼接而成，经向和纬向中间有拼接缝；背面由两幅织物拼接而成。正面和背面均有织造纹样。（图4-472~4-492）

图4-472　花蝶纹绫缎拼接夹被（M3：34）修复前正面

图4-473　花蝶纹绫缎拼接夹被（M3：34）修复前背面

图 4-474　花蝶纹绫缎拼接夹被（M3 ∶ 34）修复后正面

图 4-475　花蝶纹绫缎拼接夹被（M3 ∶ 34）修复后背面

图 4-476　花蝶纹绫缎拼接夹被（M3：34）正面
幅头面料花纹局部

图 4-477　花蝶纹绫缎拼接夹被（M3：34）正面
幅头面料单元纹样线描图

图 4-478　花蝶纹绫缎拼接夹被（M3：34）正面
主幅面料花纹局部

图 4-479　花蝶纹绫缎拼接夹被（M3：34）正面
主幅面料单元纹样线描图

图 4-480　花蝶纹绫缎拼接夹被（M3：34）背面
面料花纹局部

图 4-481　花蝶纹绫缎拼接夹被（M3：34）背面
面料单元纹样线描图

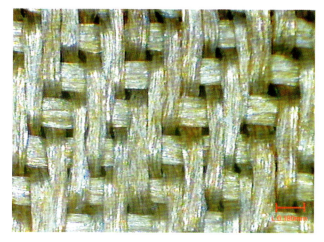

图 4-482　花蝶纹绫缎拼接夹被（M3：34）正面
幅头面料地组织显微图

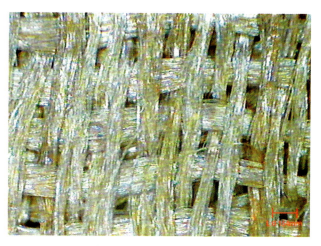

图 4-485　花蝶纹绫缎拼接夹被（M3：34）正面
主幅面料地组织显微图

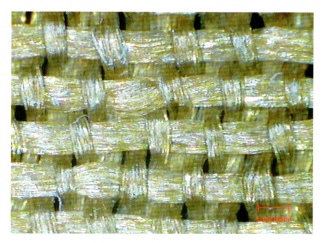

图 4-483　花蝶纹绫缎拼接夹被（M3：34）正面
幅头面料花纹组织显微图

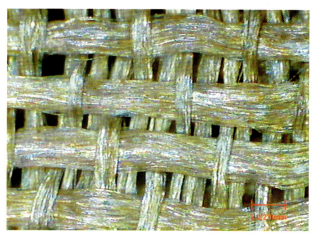

图 4-486　花蝶纹绫缎拼接夹被（M3：34）正面
主幅面料花纹组织显微图

图 4-484　花蝶纹绫缎拼接夹被（M3：34）正面
幅头面料组织结构线图

图 4-487　花蝶纹绫缎拼接夹被（M3：34）正面
主幅面料组织结构线图

图 4-488　花蝶纹绫缎拼接夹被（M3：34）背面
面料地组织显微图

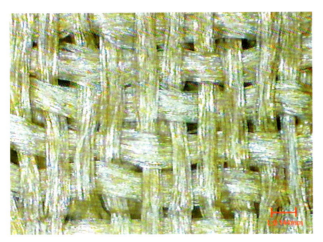

图 4-489　花蝶纹绫缎拼接夹被（M3：34）背面
面料花纹显微图

图 4-490　花蝶纹绫缎拼接夹被（M3：34）背面
面料组织结构线图

织物正面幅头部位面料：经线密度 96 根 / 厘米，投影宽度 0.12 毫米，无捻，黄色。纬线密度 56 根 / 厘米，投影宽度 0.20 毫米，无捻，黄色。地组织为三上一下右斜纹，花组织为经向一上三下右斜纹，组织结构为暗花绫。正面幅头长 72 厘米，宽 35 厘米。正面幅头单元纹样最长 15 厘米，最宽 14 厘米，可辨明经向有 3 组完整单元纹样，纬向有 4 组完整单元纹样。

织物正面竖幅部位面料：经线密度 100 根 / 厘米，投影宽度 0.09 毫米，无捻，黄色。纬线密度 34 根 / 厘米，投影宽度 0.21 毫米，无捻，黄色。正面单片竖幅长 60 厘米，宽 36 厘米。地组织为五枚二飞经面缎；花组织为五枚二飞纬面缎。单元纹样为一只朝右下方飞翔的蝴蝶和一朵折枝牡丹，花纹满布，间隙较小。单元纹样最长 18.5 厘米，最宽 11 厘米。可辨明经向有 9 组完整单元纹样，纬向有 9 组完整单元纹样。

织物背面面料：经线密度 64 根 / 厘米，投影宽度 0.15 毫米，无捻，黄色。纬线密度 48 根 / 厘米，投影宽度 0.22 毫米，无捻，黄色。地组织为平纹，花组织为三上一下右斜纹，组织结构为平纹暗花绸。单元纹样为一组梅花和莲花，花纹满布，间隙较小。单元纹样最长 8.7 厘米，最宽 4.5 厘米，可辨明经向有 49 组完整单元纹样，纬向有 6 组完整单元纹样。

织物花纹：

正面：蝴蝶、折枝牡丹

背面：抽象莲花、抽象梅花

4.3.16　花蝶纹暗花绫夹裤（M3：42）

文物呈现土黄色，双层织物，外观长方形，正反面均由两幅织物拼接而成，经向中间有拼接缝，有织造纹样。长 186 厘米，宽 71 厘米。（图 4-493~4-506）

正面

背面

0 　 20 厘米

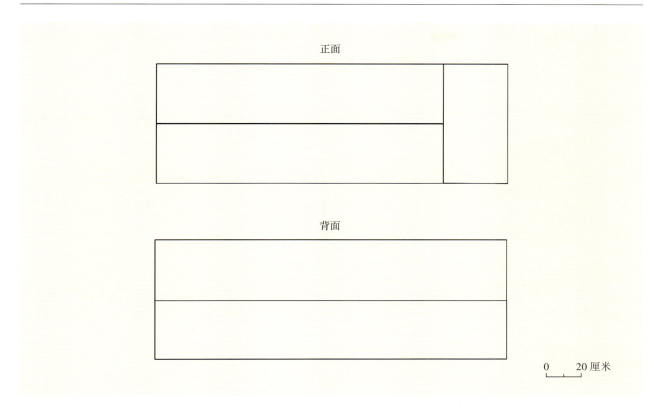

图 4-491　花蝶纹绫缎拼接夹被（M3 ：34）正面和背面正视图

正面

1

2

3

背面

4

5

0 　 20 厘米

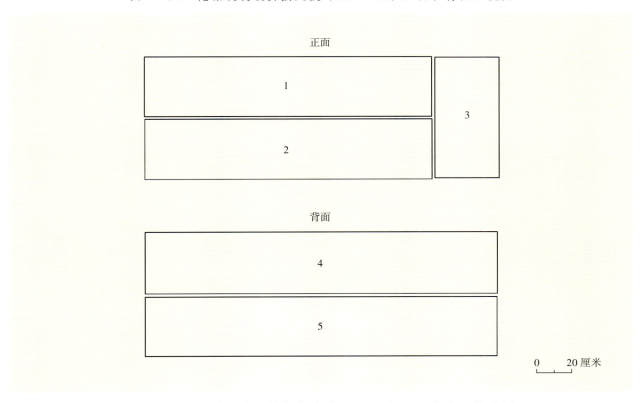

图 4-492　花蝶纹绫缎拼接夹被（M3 ：34）正面和背面裁剪图
1. 被面正面左幅　2. 被面正面右幅　3. 被面正面幅头　4. 被面背面左幅　5. 被面背面右幅

图 4-493　花蝶纹暗花绫夹褡（M3 ： 42）修复前正面

图 4-494　花蝶纹暗花绫夹褡（M3 ： 42）修复前背面

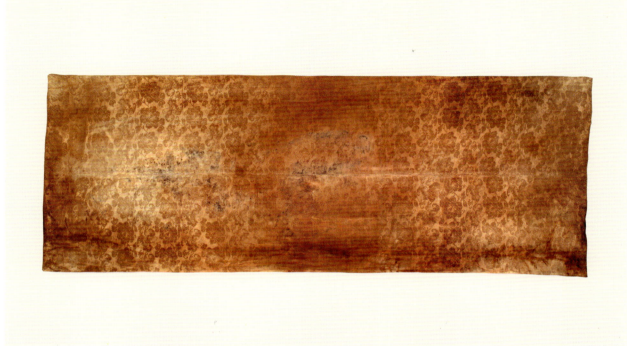

图 4-495　花蝶纹暗花绫夹褥（M3：42）修复后正面

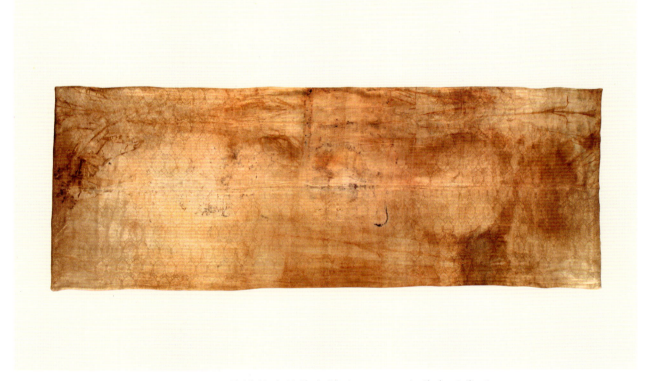

图 4-496　花蝶纹暗花绫夹褥（M3：42）修复后背面

图 4-497　花蝶纹暗花绫夹褥（M3∶42）正面
花纹局部

图 4-498　花蝶纹暗花绫夹褥（M3∶42）正面
单元纹样线描图

图 4-499　花蝶纹暗花绫夹褥（M3∶42）背面
花纹局部

图 4-500　花蝶纹暗花绫夹褥（M3∶42）背面
单元纹样线描图

图 4-501　花蝶纹暗花绫夹褥（M3∶42）正面
面料组织显微图

图 4-502　花蝶纹暗花绫夹褥（M3∶42）正面
面料组织结构线图

图 4-503　花蝶纹暗花绫夹褥（M3 ： 42）背面
面料组织显微图

图 4-504　花蝶纹暗花绫夹褥（M3 ： 42）背面
面料组织结构线图

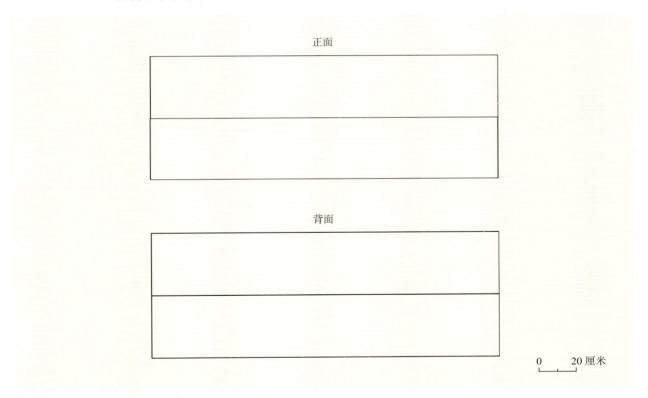

图 4-505　花蝶纹暗花绫夹褥（M3 ： 42）正面和背面正视图

　　正面面料：经线密度 104 根 / 厘米，投影宽度 0.10 毫米，无捻，黄色。纬线密度 40 根 / 厘米，投影宽度 0.26 毫米，无捻，黄色。地组织为三上一下右斜纹，花组织为经向一上三下右斜纹，组织结构为暗花绫。正面单元纹样为一只朝右下方飞翔的蝴蝶和一朵折枝牡丹，花纹满布，间隙较小。单元纹样最长 16 厘米，最宽 14 厘米。织物可辨明经向有 12 组完整单元纹样，纬向有 3 组完整单元纹样。

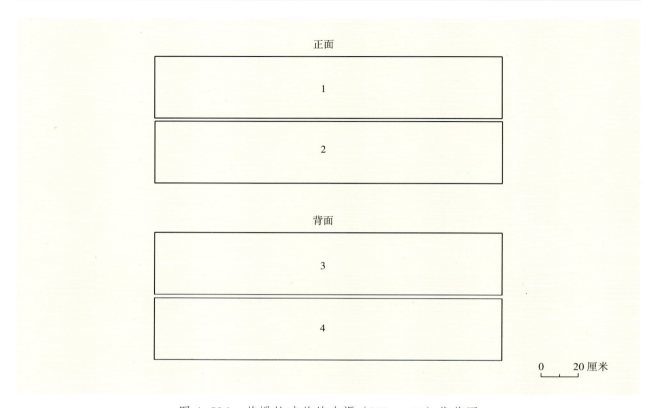

图 4-506　花蝶纹暗花绫夹褥（M3 ∶ 42）裁剪图
1. 褥面正面左幅　2. 褥面正面右幅　3. 褥面背面左幅　4. 褥面背面右幅

　　背面面料：经线密度 60 根 / 厘米，投影宽度 0.14 毫米，无捻，黄色。纬线密度 30 根 / 厘米，投影宽度 0.21 毫米，无捻，黄色。地组织为平纹，花组织为三上一下右斜纹，组织结构为平纹暗花绸。单元纹样为两组莲花和梅花，花纹满布，间隙较小。单元纹样最长 14.0 厘米，最宽 6.8 厘米，可辨明经向有 49 组完整单元纹样，纬向有 6 组完整单元纹样。

　　织物花纹：

　　正面：折枝牡丹、蝴蝶

　　背面：抽象莲花、抽象梅花

附表　丝织品文物相关数据统计情况

附表 4-1　山东沂南河阳社区墓地出土丝织品文物相关数据统计表

类别	名称	数量
服饰种类	帽、衫、袄、褡、袍、坎肩、裤、靴、袜、腰带、丝带、被、褥	13 种
丝织品种	绢：平纹绢 绸：斜纹绸、暗花绫绸 绉纱：素绉纱、平纹地上起 3/1Z 花的暗花绉纱 绫：素绫、2/1S 地组织上起 1/5S 花的暗花绫、3/1Z 地组织上起 1/2Z 花的暗花绫、3/1Z 地组织上起 1/3Z 的暗花绫 缎：八枚三飞经面素缎、八枚三飞暗花缎、五枚二飞经面素缎、五枚二飞暗花缎 其他：编织物	14 种
丝织纹样	坐蟒、升蟒、行龙、坐龙、火珠、宝伞、吉祥结、法螺、双鱼、莲蓬、平水、立水、山石、蝙蝠、寿字、抽象莲花、抽象梅花、缠枝牡丹、折枝梅花、石榴花、飘带、升龙、降龙、云纹、莲花、折枝菊花、网格纹、缠枝芙蓉、太极、缠枝菊花、兰花、蝴蝶、折枝牡丹、卷连云、如意、珊瑚、萱草、灵芝、回纹、S 纹、卍字、抽象动物纹、兽面纹	43 种
机头织款	"延陵莱记"织款、"东脐信置"织款、"广源福置"织款、"周恒福造"织款、无法辨识字迹的织款	5 种
刺绣针法	平金绣、套针、打籽绣、缉线绣、滚针	5 种
刺绣纹样	鹭鸶、水仙、仙桃、如意卷云、山石、平水、方胜、画轴、方孔钱、回纹、坐龙、升龙、行龙、火珠、太阳、山崖、法轮、宝伞、吉祥结、法螺、莲花、宝瓶、双鱼、宝盖、犀角、珊瑚、灵芝、卍字、如意连云、蝙蝠、牡丹、如意	32 种

附表 4-2　山东沂南河阳社区墓地出土清代丝织品文物面料统计表

序号	名称	编号	面料种类	花纹图案
1	素缎靴	M1：21	面料：八枚三飞经面缎	
2	素缎靴	M1：22	面料：八枚三飞经面缎	
3	帽纬	M1：24	面料：绞编织物	
4	缎地如意帽	M1：25	面料：八枚三飞经面缎	
5	缎地暖帽	M1：28	面料：八枚三飞经面缎	
6	花蝶纹绫单被	M1：30	面料：暗花绫	面料：蝴蝶、折枝牡丹
7	团五蝠捧寿纹暗花绫六品文官补褂	M1：32	面料：暗花绫 里衬：暗花绸 方补：绢	方补：太阳、卷连云、蝙蝠、鹭鸶、仙桃、灵芝、水仙花、珊瑚、方胜、火珠、如意、画轴、方孔钱、犀角、山石、平水、卷草 面料：蝙蝠、寿字、卍字 里衬：抽象莲花、抽象梅花
8	织金妆花缎蟒袍	M1：33	面料：妆花缎 里衬：五枚二飞经面缎	面料：坐蟒、升蟒、行龙、坐龙、平水、立水、山石、卷连云、火珠、如意、珊瑚、灵芝、回纹
9	素绢对襟坎肩	M1：34	面料：绢 里衬：暗花绸	里衬：抽象莲花、抽象梅花
10	花蝶纹暗花绫夹袍	M1：35	面料：暗花绫 里衬：暗花绸	面料：蝴蝶、牡丹、"延陵莱记"织款 里衬：抽象莲花、抽象梅花
11	团五蝠捧寿纹暗花绫夹袍	M1：36	面料：暗花绫 里衬：暗花绸 袖口面料：暗花绫 袖口里衬：八枚三飞暗花缎	面料：蝙蝠、卍字、寿字、兰花 里衬：抽象莲花、抽象梅花
12	素绢单裤	M1：37	面料：绢 带花纹片：暗花绸	面料：折枝梅花、石榴花、飘带、"周恒福造"织款
	素绢单裤附属物团二龙戏珠纹暗花缎单袜		面料：八枚三飞经面缎、五枚二飞暗花缎	面料：升龙、降龙、火珠、莲花 里衬：墨书字迹
13	素绉纱腰带	M1：38	面料：绉纱	
14	折枝花卉纹暗花绉纱丝带	M1：39	面料：暗花绉纱	面料：折枝菊花、折枝牡丹、网格纹
15	花蝶纹暗花绉纱丝带	M1：40	面料：暗花绉纱	面料：折枝菊花、折枝牡丹、蝴蝶、网格纹
16	素绢单褥	M1：41	面料：绢	面料：织款文字
17	素绢短衫	M1：42	面料：绢	面料："东脐信置"织款
18	团二龙戏珠纹暗花绫夹褂	M3：29-1	面料：暗花绫 里衬：暗花绫	面料：升龙、降龙、火珠、莲花 里衬：缠枝牡丹、蝙蝠
19	缠枝花卉纹绸小袄	M3：29-2	面料：暗花绸	面料：缠枝芙蓉
20	素绢夹袍	M3：29-3	面料：绢 里衬：绢	
21	缎地暖帽	M3：30	面料：八枚三飞经面缎	

序号	名称	编号	面料种类	花纹图案
22	团花太极纹暗花绉绸夹袍	M3：31	面料：暗花绉绸 里衬：暗花绸	面料：牡丹、蔓草、太极 里衬：卍字、莲花
23	团二龙戏珠纹暗花绫夹袍	M3：32	面料：暗花绫 里衬：暗花绸	面料：升龙、降龙、火珠、莲花 里衬：萱草、灵芝、"广源福置"织款
24	花蝶纹绫缎拼接夹被	M3：34	正面幅头：暗花绫 正面竖幅：五枚二飞暗花缎 背面面料：暗花绸	正面：蝴蝶、折枝牡丹 背面：抽象莲花、抽象梅花
25	花蝶纹暗花绉纱丝带	M3：35	面料：暗花绉纱	面料：折枝牡丹、折枝菊花、蝴蝶、网格纹
26	花蝶纹暗花绉纱丝带	M3：36	面料：暗花绉纱	面料：折枝牡丹、折枝菊花、蝴蝶、网格纹
27	素缎靴	M3：39	面料：八枚三飞经面缎	
28	素缎靴	M3：40	面料：八枚三飞经面缎	
29	折枝花卉纹暗花绉纱腰带	M3：41	面料：暗花绉纱	面料：折枝牡丹、折枝菊花、网格纹
30	花蝶纹暗花绫夹裤	M3：42	正面面料：暗花绫 背面面料：暗花绸	正面：折枝牡丹、蝴蝶 背面：抽象莲花、抽象梅花
31	五蝠团兽纹暗花绉绸六品文官补褂	M3：48	面料：暗花绉绸 里衬：暗花绸 方补：八枚三飞经面缎	方补：太阳、卷云、蝙蝠、鹭鸶、仙桃、灵芝、水仙花、珊瑚、方胜、火珠、如意、卍字、画轴、方孔钱、犀角、山石、平水、回纹 面料：蝙蝠、云纹、S纹、抽象动物纹、莲花 里衬：抽象莲花、抽象梅花
32	绣金龙吉祥纹绫蟒袍	M3：49	面料：素绫 里衬：五枚二飞经面素缎 接袖：八枚三飞经面素缎 袖口边缘：素绫	面料：坐龙、升龙、行龙、火珠、太阳、平水、山崖、法轮、宝伞、吉祥结、法螺、莲花、宝瓶、双鱼、宝盖、犀角、珊瑚、水仙、灵芝、仙桃、卍字、如意连云、蝙蝠、牡丹、如意 里衬：卍字、莲花
33	团二龙戏珠纹缀立领暗花绉绸夹袍	M3：51	面料：暗花绉绸 里衬：暗花绸 袖口里衬：八枚三飞暗花缎	面料：兽面纹、回纹、龙纹、火珠、莲蓬 里衬：抽象莲花、抽象梅花、牡丹、梅花、桃花、蝴蝶
34	缠枝花卉纹暗花缎短衫	M3：52	面料：五枚二飞暗花缎 里衬：暗花绸	面料：缠枝牡丹 里衬：抽象莲花、抽象梅花
35	素绢夹袍	M3：53	面料：绢 里衬：暗花绸	里衬：抽象莲花、抽象梅花
36	缠枝花卉纹暗花缎宽腰夹裤	M3：54	面料：五枚二飞暗花缎 里衬：暗花绸	面料：缠枝牡丹、缠枝菊花、折枝梅花 里衬：抽象莲花、抽象梅花
	缠枝花卉纹暗花缎宽腰夹裤附属物素缎单袜		面料：八枚三飞经面缎	
37	素绉纱腰带	M3：55	面料：绉纱	

附表 4-3　山东沂南河阳社区墓地出土丝织品文物组织结构分析表

序号	文物号	文物名称	部位	经线	纬线	结构	备注
1	M1：21	素缎靴	主体	无捻，150 根／厘米，投影宽度 0.14 毫米	无捻，50 根／厘米，投影宽度 0.23 毫米	八枚三飞经面缎	
2	M1：22	素缎靴	主体	无捻，150 根／厘米，投影宽度 0.14 毫米	无捻，50 根／厘米，投影宽度 0.23 毫米	八枚三飞经面缎	
3	M1：24	帽纬	主体	Z 捻，投影宽度 1.00 毫米		绞编结构	
4	M1：25	缎地如意帽	主体	无捻，100 根／厘米，投影宽度 0.10 毫米	无捻，55 根／厘米，投影宽度 0.18 毫米	八枚三飞经面缎	

续附表 4-3

序号	文物号	文物名称	部位	经线	纬线	结构	备注
5	M1：28	缎地暖帽	主体	Z 捻，150 根 / 厘米，投影宽度 0.08 毫米	无捻，50 根 / 厘米，投影宽度 0.23 毫米	八枚三飞经面缎	
6	M1：30	花蝶纹绫单被	主体	无捻，88 根 / 厘米，投影宽度 0.11 毫米	无捻，30 根 / 厘米，投影宽度 0.21 毫米	3/1Z 地组织上起 1/2Z 花	
7	M1：32	团五蝠捧寿纹暗花绫六品文官补褂	面料	无捻，70 根 / 厘米，投影宽度 0.10 毫米	无捻，50 根 / 厘米，投影宽度 0.22 毫米	2/1S 地组织上起 1/5S 花	
8	M1：32	团五蝠捧寿纹暗花绫六品文官补褂	里衬	无捻，60 根 / 厘米，投影宽度 0.14 毫米	无捻，50 根 / 厘米，投影宽度 0.15 毫米	平纹地组织上起 3/1Z 花	

序号	文物号	文物名称	部位	经线	纬线	结构	备注
9	M1：32	团五蝠捧寿纹暗花绫六品文官补褂	方补	无捻，50 根／厘米，投影宽度 0.21 毫米	无捻，40 根／厘米，投影宽度 0.23 毫米	平纹组织	
10	M1：33	织金妆花缎蟒袍	面料	Z 捻，100 根／厘米，投影宽度 0.10 毫米	无捻，40 根／厘米，投影宽度 0.22 毫米	地经与地纬以八枚经面缎交织为地组织，捻金线以浮长显花，并利用地经线作捻金线的间丝点	纹纬使用捻金线
11	M1：33	织金妆花缎蟒袍	里衬	无捻，70 根／厘米，投影宽度 0.14 毫米	无捻，50 根／厘米，投影宽度 0.22 毫米	五枚二飞经面缎	
12	M1：34	素绢对襟坎肩	面料	无捻，58 根／厘米，投影宽度 0.17 毫米	无捻，40 根／厘米，投影宽度 0.21 毫米	平纹组织	

序号	文物号	文物名称	部位	经线	纬线	结构	备注
13	M1：34	素绢对襟坎肩	里衬	无捻，62 根 / 厘米，投影宽度 0.14 毫米	无捻，54 根 / 厘米，投影宽度 0.16 毫米	平纹地组织上起 3/1Z 花	
14	M1：35	花蝶纹暗花绫夹袍	面料	无捻，100 根 / 厘米，投影宽度 0.11 毫米	无捻，36 根 / 厘米，投影宽度 0.18 毫米	3/1Z 地组织上起 1/2Z 花	
15	M1：35	花蝶纹暗花绫夹袍	里衬	无捻，66 根 / 厘米，投影宽度 0.16 毫米	无捻，54 根 / 厘米，投影宽度 0.21 毫米	平纹地组织上起 3/1Z 花	
16	M1：36	团五蝠捧寿纹暗花绫夹袍	面料	弱 Z 捻，72 根 / 厘米，投影宽度 0.12 毫米	无捻，44 根 / 厘米，投影宽度 0.25 毫米	2/1S 地组织上起 1/5S 花	

序号	文物号	文物名称	部位	经线	纬线	结构	备注
17	M1：36	团五蝠捧寿纹暗花绫夹袍	里衬	无捻，44 根 / 厘米，投影宽度 0.25 毫米	无捻，40 根 / 厘米，投影宽度 0.18 毫米	平纹地组织上起 3/1Z 花	
18	M1：36	团五蝠捧寿纹暗花绫夹袍	马蹄袖里衬	无捻，130 根 / 厘米，投影宽度 0.08 毫米	无捻，50 根 / 厘米，投影宽度 0.21 毫米	八枚三飞暗花缎	
19	M1：37	素绢单裤	主体	无捻，74 根 / 厘米，投影宽度 0.14 毫米	无捻，62 根 / 厘米，投影宽度 0.12 毫米	大部分为平纹组织，腰部为平纹地组织上起 3/1Z 花	
20		素绢单裤附属物团二龙戏珠纹暗花缎单袜	面料	Z 捻，116 根 / 厘米，投影宽度 0.07 毫米	无捻，38 根 / 厘米，投影宽度 0.30 毫米	八枚三飞经面缎	

续附表 4–3

序号	文物号	文物名称	部位	经线	纬线	结构	备注
21		素绢单裤附属物团二龙戏珠纹暗花缎单袜	面料	Z 捻，100 根 / 厘米，投影宽度 0.10 毫米	无捻，28 根 / 厘米，投影宽度 0.26 毫米	五枚二飞暗花缎	
22		素绢单裤附属物团二龙戏珠纹暗花缎单袜	面料	无捻，48 根 / 厘米，投影宽度 0.17 毫米	无捻，40 根 / 厘米，投影宽度 0.21 毫米	平纹组织	
23	M1：38	素绉纱腰带	主体	无捻，50 根 / 厘米，投影宽度 0.10 毫米	S、Z 捻，40 根 / 厘米，投影宽度 0.18 毫米	纬线以两股强 Z 捻与两股强 S 捻相间排列与经线以一上一下形式交织	
24	M1：39	折枝花卉纹暗花绉纱丝带	主体	无捻，72 根 / 厘米，投影宽度 0.14 毫米	S、Z 捻，36 根 / 厘米，投影宽度 0.14 毫米	纬线以两股强 Z 捻与两股强 S 捻相间排列与经线以一上一下形式交织形成地组织上起 3/1Z 花	

序号	文物号	文物名称	部位	经线	纬线	结构	备注
25	M1：40	花蝶纹暗花绉纱丝带	主体	无捻，70 根 / 厘米，投影宽度 0.14 毫米	S、Z 捻，35 根 / 厘米，投影宽度 0.16 毫米	纬线以两股强 Z 捻与两股强 S 捻相间排列与经线以一上一下形式交织形成地组织上起 3/1Z 花	
26	M1：41	素绢单褡	主体	无捻，72 根 / 厘米，投影宽度 0.13 毫米	无捻，40 根 / 厘米，投影宽度 0.16 毫米	平纹组织	
27	M1：42	素绢短衫	主体	无捻，66 根 / 厘米，投影宽度 0.14 毫米	无捻，46 根 / 厘米，投影宽度 0.13 毫米	平纹组织	
28	M3：29-1	团二龙戏珠纹暗花绫夹褂	面料	无捻，60 根 / 厘米，投影宽度 0.13 毫米	无捻，40 根 / 厘米，投影宽度 0.25 毫米	2/1S 地组织上起 1/5S 花	

序号	文物号	文物名称	部位	经线	纬线	结构	备注
29	M3：29-1	团二龙戏珠纹暗花绫夹褚	里衬	无捻，70 根 / 厘米，投影宽度 0.12 毫米	无捻，40 根 / 厘米，投影宽度 0.27 毫米	3/1Z 地组织上起 1/3Z 花	
30	M3：29-2	缠枝花卉纹绸小袄	主体	无捻，72 根 / 厘米，投影宽度 0.14 毫米	无捻，40 根 / 厘米，投影宽度 0.17 毫米	平纹地组织上起 3/1Z 花	
31	M3：29-3	素绢夹袍	主体	无捻，68 根 / 厘米，投影宽度 0.15 毫米	无捻，52 根 / 厘米，投影宽度 0.18 毫米	平纹组织	
32	M3：30	缎地暖帽	主体	无捻，160 根 / 厘米，投影宽度 0.09 毫米	无捻，60 根 / 厘米，投影宽度 0.19 毫米	八枚三飞经面缎	

序号	文物号	文物名称	部位	经线	纬线	结构	备注
33	M3：31	团花太极纹暗花绉绸夹袍	面料	无捻，64 根 / 厘米，投影宽度 0.17 毫米	S、Z 捻，28 根 / 厘米，投影宽度 0.14 毫米	纬线以两股强 Z 捻与两股强 S 捻相间排列与经线以一上一下形式交织形成地组织上起 3/1Z 花	
34	M3：31	团花太极纹暗花绉绸夹袍	里衬	无捻，52 根 / 厘米，投影宽度 0.16 毫米	无捻，42 根 / 厘米，投影宽度 0.19 毫米	平纹地组织上起 3/1Z 花	
35	M3：31	团花太极纹暗花绉绸夹袍	袖口里衬	无捻，90 根 / 厘米，投影宽度 0.10 毫米	无捻，60 根 / 厘米，投影宽度 0.15 毫米	五枚二飞经面缎	
36	M3：32	团二龙戏珠纹暗花绫夹袍	面料	无捻，62×2 根 / 厘米，投影宽度 0.10 毫米	无捻，50 根 / 厘米，投影宽度 0.21 毫米	两股丝线并作一股经线与纬线以 2/1S 形式交织	

序号	文物号	文物名称	部位	经线	纬线	结构	备注
37	M3：32	团二龙戏珠纹暗花绫夹袍	里衬	无捻，64 根 / 厘米，投影宽度 0.17 毫米	无捻，40 根 / 厘米，投影宽度 0.18 毫米	平纹地组织上起 3/1Z 花	
38	M3：32	团二龙戏珠纹暗花绫夹袍	袖口里衬	无捻，130 根 / 厘米，投影宽度 0.08 毫米	无捻，50 根 / 厘米，投影宽度 0.20 毫米	八枚三飞经面缎	
39	M3：34	花蝶纹绫缎拼接夹被	正面幅头	无捻，96 根 / 厘米，投影宽度 0.12 毫米	无捻，56 根 / 厘米，投影宽度 0.20 毫米	3/1Z 地组织上起 1/3Z 花	
40	M3：34	花蝶纹绫缎拼接夹被	正面竖幅	无捻，100 根 / 厘米，投影宽度 0.09 毫米	无捻，34 根 / 厘米，投影宽度 0.21 毫米	五枚二飞经面缎地组织上起五枚二飞纬面缎花	

序号	文物号	文物名称	部位	经线	纬线	结构	备注
41	M3：34	花蝶纹绫缎拼接夹被	里衬	无捻，64 根 / 厘米，投影宽度 0.15 毫米	无捻，48 根 / 厘米，投影宽度 0.22 毫米	平纹地组织上起 3/1Z 花	
42	M3：35	花蝶纹暗花绉纱丝带	主体	无捻，62 根 / 厘米，投影宽度 0.16 毫米	S、Z 捻，33 根 / 厘米，投影宽度 0.15 毫米	纬线以两股强 Z 捻与两股强 S 捻相间排列与经线以一上一下形式交织形成地组织上起 3/1Z 花	
43	M3：36	花蝶纹暗花绉纱丝带	主体	无捻，60 根 / 厘米，投影宽度 0.16 毫米	S、Z 捻，33 根 / 厘米，投影宽度 0.17 毫米	纬线以两股强 Z 捻与两股强 S 捻相间排列与经线以一上一下形式交织形成地组织上起 3/1Z 花	
44	M3：39	素缎靴	主体	无捻，170 根 / 厘米，投影宽度 0.09 毫米	无捻，60 根 / 厘米，投影宽度 0.18 毫米	八枚三飞经面缎	

序号	文物号	文物名称	部位	经线	纬线	结构	备注
45	M3 : 40	素缎靴	主体	无捻，170 根 / 厘米，投影宽度 0.09 毫米	无捻，60 根 / 厘米，投影宽度 0.18 毫米	八枚三飞经面缎	
46	M3 : 41	折枝花卉纹暗花绉纱腰带	主体	无捻，64 根 / 厘米，投影宽度 0.16 毫米	S、Z 捻，32 根 / 厘米，投影宽度 0.21 毫米	纬线以两股强 Z 捻与两股强 S 捻相间排列与经线以一上一下形式交织形成地组织上起 3/1Z 花	
47	M3 : 42	花蝶纹暗花绫夹裤	面料	无捻，104 根 / 厘米，投影宽度 0.10 毫米	无捻，40 根 / 厘米，投影宽度 0.26 毫米	3/1Z 地组织上起 1/3Z 花	
48	M3 : 42	花蝶纹暗花绫夹裤	里衬	无捻，60 根 / 厘米，投影宽度 0.14 毫米	无捻，30 根 / 厘米，投影宽度 0.21 毫米	平纹地组织上起 3/1Z 花	

序号	文物号	文物名称	部位	经线	纬线	结构	备注
49	M3：48	五蝠团兽纹暗花绉绸六品文官补褂	面料	无捻，60×2 根／厘米，投影宽度 0.10 毫米	Z 捻，40 根／厘米，投影宽度 0.22 毫米	两股丝线并作一股经线与强捻纬线以一上一下形式交织	
50	M3：48	五蝠团兽纹暗花绉绸六品文官补褂	里衬	无捻，50 根／厘米，投影宽度 0.15 毫米	无捻，40 根／厘米，投影宽度 0.12 毫米	平纹地组织上起 3/1Z 花	
51	M3：48	五蝠团兽纹暗花绉绸六品文官补褂	方补	无捻，100 根／厘米，投影宽度 0.08 毫米	无捻，60 根／厘米，投影宽度 0.21 毫米	八枚三飞经面缎	
52	M3：49	绣金龙吉祥纹绫蟒袍	面料	Z 捻，60 根／厘米，投影宽度 0.10 毫米	Z 捻，50 根／厘米，投影宽度 0.20 毫米	2/1S 素绫	平金绣、打籽绣、套绣、缉线绣、滚针绣

序号	文物号	文物名称	部位	经线	纬线	结构	备注
53	M3：49	绣金龙吉祥纹绫蟒袍	里衬	无捻，80 根/厘米，投影宽度 0.12 毫米	无捻，60 根/厘米，投影宽度 0.14 毫米	五枚二飞经面缎	
54	M3：49	绣金龙吉祥纹绫蟒袍	接袖	无捻，150 根/厘米，投影宽度 0.06 毫米	无捻，60 根/厘米，投影宽度 0.19 毫米	八枚三飞经面缎	
55	M3：49	绣金龙吉祥纹绫蟒袍	袖口边缘	无捻，100 根/厘米，投影宽度 0.10 毫米	Z 捻，50 根/厘米，投影宽度 0.13 毫米	3/2 Z 素绫	
56	M3：51	团二龙戏珠纹缀立领暗花绉绸夹袍	面料	无捻，40×2 根/厘米，投影宽度 0.12 毫米	Z 捻，38 根/厘米，投影宽度 0.27 毫米	两股丝线并作一股经线与强捻纬线以一上一下形式相织，经浮长显花	

序号	文物号	文物名称	部位	经线	纬线	结构	备注
57	M3：51	团二龙戏珠纹缀立领暗花绉绸夹袍	里衬	无捻，54 根 / 厘米，投影宽度 0.19 毫米	无捻，48 根 / 厘米，投影宽度 0.20 毫米	平纹地组织上起 3/1Z 花	
58	M3：51	团二龙戏珠纹缀立领暗花绉绸夹袍	袖口里衬	Z 捻，140 根 / 厘米，投影宽度 0.08 毫米	无捻，60 根 / 厘米，投影宽度 0.23 毫米	八枚三飞暗花缎	
59	M3：52	缠枝花卉纹暗花缎短衫	面料	无捻，100 根 / 厘米，投影宽度 0.10 毫米	无捻，50 根 / 厘米，投影宽度 0.15 毫米	五枚二飞经面缎地组织上起五枚二飞纬面缎花	
60	M3：52	缠枝花卉纹暗花缎短衫	里衬	无捻，60 根 / 厘米，投影宽度 0.13 毫米	无捻，70 根 / 厘米，投影宽度 0.13 毫米	平纹地组织上起 3/1Z 花	

序号	文物号	文物名称	部位	经线	纬线	结构	备注
61	M3：53	素绢夹袍	面料	无捻，54 根/厘米，投影宽度 0.17 毫米	无捻，42 根/厘米，投影宽度 0.16 毫米	平纹组织	
62	M3：53	素绢夹袍	里衬	无捻，54 根/厘米，投影宽度 0.18 毫米	无捻，44 根/厘米，投影宽度 0.21 毫米	平纹地组织上起 3/1Z 花	
63	M3：54	缠枝花卉纹暗花缎宽腰夹裤	裤腿面料	无捻，90 根/厘米，投影宽度 0.11 毫米	无捻，60 根/厘米，投影宽度 0.21 毫米	五枚二飞经面缎地组织上起五枚二飞纬面缎花	
64	M3：54	缠枝花卉纹暗花缎宽腰夹裤	裆部面料	无捻，100 根/厘米，投影宽度 0.12 毫米	无捻，50 根/厘米，投影宽度 0.20 毫米	五枚二飞经面缎地组织上起五枚二飞纬面缎花	

序号	文物号	文物名称	部位	经线	纬线	结构	备注
65	M3：54	缠枝花卉纹暗花缎宽腰夹裤	腰部面料及里衬	无捻，60 根／厘米，投影宽度 0.13 毫米	无捻，40 根／厘米，投影宽度 0.21 毫米	平纹地组织上起 3/1Z 花	
66		缠枝花卉纹暗花缎宽腰夹裤附属物素缎单袜	面料	Z 捻，150 根／厘米，投影宽度 0.07 毫米	无捻，60 根／厘米，投影宽度 0.21 毫米	八枚三飞经面缎	
67	M3：55	素绉纱腰带	主体	无捻，60 根／厘米，投影宽度 0.11 毫米	Z、S 捻，40 根／厘米，投影宽度 0.17 毫米	纬线以两股强 Z 捻与两股强 S 捻相间排列与经线以一上一下形式交织	

附录一

沂南河阳社区清代墓地主人身份考证

吕宜乐　卢朝辉

临沂市沂南县河阳北村墓地位于该村"北棋盘"，沟南地名曰"南棋盘"。据河阳东村 90 岁老人刘泽京介绍，"北棋盘""南棋盘"均为沂水"刘南宅"刘氏家族墓地。"北棋盘""南棋盘"各有三座高大坟包，坟前立有石碑、石香炉，周边植有合抱粗的柏树（20 世纪二三十年代被刘氏后人全部采伐）。有张姓村民值守，以防盗墓。1952 年，沂南县在此筹建河阳铁木业社，将"北棋盘"上的坟包推平，石碑砸碎。在对妨碍工程建设的一座坟顶施以爆破时，因砂灰顶盖太厚，仅炸开一个小洞，随后掩埋。"南棋盘"上的三座古墓，也因村民建房而推平。村民高红院内地下有一座墓葬，2008 年底曾被不法分子盗掘。该墓葬形制与所发掘的三座相同，深度约 8 米。

据史料记载，刘家是沂水城的大户，明清时期沂蒙地区的望族，传说县官上任必先拜访沂水刘家，著名文学家蒲松龄做过刘家的私塾先生。其园林住宅是旧沂水城区最大的民居建筑，始建于明朝初期，按阴阳八卦设计，故亦称八卦宅，规模宏大，分为南宅、中宅和北宅，全部用水磨砖和湖石等组建。三宅毗连，鳞次栉比，亭台楼榭，花木扶疏，布置分割宜当，富有北方私家园林的韵致。其中以南宅为最，号称刘南宅。自明至清数百年间，刘南宅累世在朝为官，有的曾经长期在朝廷吏部任职，闻名遐迩。数百年来，刘南宅代表的是千顷浩荡的土地和强大鼎盛的家族势力。滔滔沂河滋润了这方美丽的土地，沂河两岸的肥沃土地尽归其有，刘南宅的子孙们曾经以"从沂水到临沂，喝不了人家的水，踩不了人家的地"而沾沾自喜，可见刘氏势力之强大。

在本次考古发掘的三座墓中，M1 北室棺板上书"皇清例赠孺人刘母张太君享年二十六岁之柩枢"字样。M2 中室棺盖上书"皇清例赠□职佐郎□进士候选训导□□□"等字，东室棺盖上书"皇清例赠孺人继□□□□"等字，虽然字迹模糊不清，但为查证墓主人身份还是留下了充足的证据。查阅民国三年重修《刘氏族谱》，刘氏家族中 3 位族人及其妻妾葬于河阳的"北棋盘"。

1. 刘绳武。《刘氏族谱》记载，始祖刘彦成，于明洪武二年自四川内江县玉带溪村迁居山东省潍县司马庄（镇）。八世刘绳武，生于康熙四十九年十二月初九日，字于京，岁贡生，候选训导，以子鼎臣，敕封文林郎普安县知县。娶兰山王氏，敕封太孺人，生不详，卒于乾隆十七年九月十三日，继刘氏，敕封太孺人。子二：鼎臣、鼎和，俱王出。女三：长适蒙阴拔贡生公元骋。次适寿光，己酉科拔贡，任州判李钰。三适寿光举人，任云南腾越州知州李𬭳。

2. 刘鼎臣。九世刘鼎臣，字惟三，号调元，亦号拙斋。乾隆庚子北关举人，辛丑进士，选河南扶沟县知县，改贵州普安县。敕授文林郎，以孙炜貤赠奉政大夫，生于雍正十二年正月初九日，葬祔父墓。娶费县王氏，敕封孺人貤赠宜人，卒于乾隆三十年七月十五日。继诸城张氏。侧赵氏，俱虵赠宜人。

3. 刘鼎和。九世刘鼎和，字梅亭，乾隆己酉科举入署朝城县教谕，任淄川县训导，敕授修职郎，生于乾隆元年十月十六日，卒于嘉庆二十五年三月十五日。娶济宁张氏，例赠孺人，生于乾隆五年三月初八日，卒于乾隆三十年正月初一日。继益都冯氏，例赠孺人，生于乾隆十六年正月十二日，卒于道光五年六月十九日。葬祔父墓。

本次抢救性发掘的 M1，为一墓三室，从置放于壁龛的随葬品考证，中室为夫，两侧为妻妾。这三个墓室的形制结构完全一致，下葬先后顺序、墓顶形制关系清晰可辨。每间墓室各自封顶且自南向北叠压，下葬时间自北向南渐晚。北室棺木上书"皇清例赠孺人刘母张太君享年二十六岁之灵柩"。

《刘氏族谱》记载，刘鼎和之妻张氏，例赠孺人，生于乾隆五年（1740 年）三月初八日，卒于乾隆三十年（1765 年）正月初一日，享年恰是 26 岁。刘鼎和卒于嘉庆二十五年（1820 年）。刘鼎和续娶冯氏卒于道光五年（1825 年）。从 M1 墓葬下葬早晚关系及棺板上书写文字分析，结合《刘氏族谱》刘鼎和"葬祔父墓"记载，由此推断，M1 墓应为刘鼎和与其妻妾墓室。中室墓主人为刘鼎和，北室为其妻张氏，南室为其续娶冯氏。

在这三座墓中，结合埋葬早晚关系分析，M3 墓主人应是与《刘氏族谱》记载对应的刘鼎臣和其妻妾。二室墓主人为刘鼎臣，四室墓主人为其侧室赵氏。

道光《沂水县志》"仕迹"载：

> 刘鼎臣，绳武子，字惟三，号拙斋。自幼聪颖，性尤至孝，为大父钟爱，奉遗命以"读书上进，周济穷人"为志。乾隆辛丑成进士，任贵州普安县知县。县为古牂牁，夜郎地，苗民杂处，号称"难治之"。任后，兴利除害，知无不为，为无不力。邑为云、贵通衢，驿站有四黜吏，藉端多索夫役，勒诈无厌，民不胜其害，痛予决杖，弊遂绝。有巨窃，雄于财，群小倚，为逋逃薮，擒治之，一境护以安。抵任甫三月，染瘴疾告归。居家节俭，然见义必为，每有捐助事必首倡，且视人有加焉。尤笃于同气，分家时，田产至相让不已。乾隆丙午岁大祲，积粟尽行施散，死者尸相藉，觅人瘗之，不令骸骨暴露，收养乞儿饿殍女，岁成俾各领去，赖以全活者无算。有同案友凌晨到门，衣不蔽体，厚遇之，屡来待如初。每戒其子曰："故旧不可忘，勿以贫富易心也。"内阁学士兼礼部侍郎、山东学政万承风为之传。

M2 历史上被盗掘，但棺木保存尚好。中室棺盖可辨书有"皇清例赠□职佐郎□进士侯选训导□□□"等字。东室棺腐朽塌落，棺盖上书"皇清例赠孺人继□□□□"等字。

《刘氏族谱》记载，刘绳武，字于京，岁贡生，侯选训导，葬河阳北棋盘。娶兰山王氏，敕封太孺人，生不详，卒于乾隆十七年九月十三日，继刘氏，敕封太孺人。

结合棺盖所书及《刘氏族谱》记载推断，M2 应为刘绳武与其妻妾墓室。中室墓主人为刘绳武，西室为其妻王氏，东室为其续娶刘氏。

附录二

绣金龙吉祥纹绫蟒袍分析研究

徐军平　卢朝辉

沂南河阳社区墓地出土一件满幅刺绣带有龙纹图案的袍服，具有非常明显的时代特点，在出土的众多丝织品中显得格外特别。本文将对这件服装的相关信息进行简要的分析研究。

1. 外观描述

尺寸：通袖长 208 厘米，衣长 143 厘米，领宽 12 厘米，领高 14 厘米，下摆宽 117 厘米。

黄色，圆领，右衽，大襟，马蹄袖，片金缘，前后开裾，直身式袍。拴系扣襻 5 对，袍面上绣制不同姿态的五爪金龙、佛家八宝之法轮、宝伞、吉祥结、法螺、莲花、宝瓶、双鱼、宝盖；杂宝之犀角、珊瑚；吉祥纹之祥云、蝙蝠、牡丹、仙桃、卍字、平水、山崖等纹样。

2. 袍服的款式判断

这件袍服是直身式袍，窄袖加素接袖，前后开裾。清代对袍服的规制：直身式袍，男式袍中下部前后开裾，即从海水江崖中间的山崖处断开，女式袍中下部不开裾。男式袍的接袖为无花纹素接袖，即袖身以外又接了一段布料，再和马蹄袖连接，女式袍的接袖为有花纹接袖。另据黄能馥、陈娟娟两位先生在《中国龙袍》一书中的总结："清朝的龙袍多为圆领、右衽、大襟，窄袖加素接袖（即综袖）、马蹄袖、四开裾（男式）长袍。"判断，这件刺绣龙纹图案的袍服应是男式所穿。

3. 袍服纹样的种类

清代龙袍是具有典型意义的服装种类，它以纹样的装饰形式作为隐喻，表现出帝王至高无上的威望地位以及世代荣华的祥瑞之兆。要达到这种功能必然不能简单摹写自然的原生态事物，需要将自然事物与人文精神相结合，抽象而又真实地表达纹样的装饰语言。

3.1 龙纹

《大清会典》中有"凡五爪龙缎立龙缎团补服……官民不得穿用。若颁赐五爪龙缎立龙缎，应挑去一爪穿用"的禁例。尽管在名称上将龙、蟒划分得十分清楚,但在图像的反映上往往是不一致的。地位高的官吏照样可穿"五爪之蟒",而一些贵戚得到特赏也可穿着"四爪之龙"。至于,何时为龙,何时为蟒,主要是当时的社会等级制度比较严格,龙被视为帝王的化身,除帝后及贵戚外,其他人不得"僭用",所以,同样是一件五爪龙纹袍服,用于皇帝的可称为龙袍,而用于普通官吏时,只能叫蟒袍。这件袍服应是根据逝者生前某种极大的荣耀或卓越贡献,而得到皇帝赏赐所得,但是并没有剔除龙纹图案中的龙爪。袍服上绣制的龙纹皆为五爪,纹样应为五爪龙纹而非四爪蟒纹,所以这件服装才定名为绣金龙吉祥纹绫蟒袍。

龙纹在这件袍服上的布局为前胸、后背正龙各一、两肩正龙二、前后襟升龙各二、底襟升龙一、领前后小正龙各一、左右及交襟处为小行龙三、袖端小正龙二,共饰龙纹十六条。从正面或背面单独看时,所见都是五条龙纹,一条龙纹绣制在里襟,数量上形成九条大型金龙的主纹饰。这与《易经》中提到"九五,飞龙在天,利见大人"的九五之数正好吻合。象征古代帝王之位、九五之尊。

袍服上的龙纹有三种:其一是正面龙,特征是龙头平视正前方,与观察者正面对视,龙身盘绕火珠纹,似坐的姿态,一团威严,又称坐龙,象征天下太平,江山安定,为最尊贵的龙纹形象。其二是升龙,特征是龙头昂起向上,躯干向下,蜿蜒升腾,斜上方是火珠纹,龙纹位于坐龙的下方两侧,寓含拥戴之意。其三是行龙,特征是龙为侧身腾飞之态,似在追逐前方的火珠纹,极富活力,似动而非动又称游龙、走龙,其寓意为忠谨效命。

这些龙纹的形象不仅数量多,形体大,而且位置突出,龙须纷飘,双目怒睁、张牙舞爪、翻腾行坐、首尾相绕布满袍服全身,不仅喻示皇权天授,神圣不可动摇,同时具有强烈的时代风格。

有学者整理过清代宫廷旧藏各时期服装中的龙纹特点:

顺治时期:龙纹仍有明代龙纹之遗风,龙眼溜圆有神,龙嘴张开较大,龙须较少,龙身粗壮有力。

康熙时期:正面龙,龙头上额宽大,下额窄且分成两瓣,中间内收,龙嘴似元宝形,鼻梁较小,鼻头小巧。侧面龙,龙身细长,张口,龙发从龙颈绕一周向后飘。

雍正时期:正面龙,龙头逐渐拉长,脸为长方形,头顶由康熙时期的元宝形变成圆棱形,形成大肿骨形状,额头肌肉隆突,高鼻,眉须和上胡须浓密。侧面龙,龙发散落在头部,鼻梁较宽,大肿鼻,嘴似猪嘴。

乾隆时期:正面龙,龙脸较长,眼大,有神气。鼻头宽而扁,发须往左右两边撇,而不是像雍正龙的发须竖立于额头正中。侧面龙,鼻子较大,嘴大张。

嘉庆时期的龙纹与乾隆时期基本相似,但龙眼下垂,眉须和上胡须疏淡,在工艺上也较为粗糙。

道光以后龙纹变化较大,龙脸拉长,额头前扁平,眉毛竖立,舌尖上绕,龙眼较大。

光绪时期,龙脸较为瘦长,尖下颏。龙眼较大但无生气,鼻头朱红,耳由筒状变为卷云状,髯须较短。

龙的躯干由体态健壮、翻转灵动向肥硕僵硬变化,逐渐失去神韵感。康熙时期龙的躯干三停九转，到了清晚期则是二停六转，龙的四肢则由肥壮粗长向细短渐变。

清中期以前的龙爪比较有力度，仿佛抓着东西一般，呈现轮状。清中期以后，从嘉庆朝开始，龙爪前两趾分开，呈攀附状。晚清，龙爪基本伸直，显得绵软无力[1]。

根据图样观察，可以看出袍服的正面龙龙脸较长，高鼻，口为长方形，眼睛较大向外突出，胡须浓密往左右两边撇。侧面龙发须飘散在头后，鼻梁较宽，大胛鼻，嘴张较大。龙的躯干和四肢健壮、翻转灵活，龙爪伸张有力，呈现圆轮形。经过对比可初步判断，此龙纹特征大部分符合雍正、乾隆时期的正面龙和侧面龙特点。

3.2　吉祥纹

清代皇族极力推崇藏传佛教，故而在象征皇权至上的龙袍上也要体现佛家的护佑。这件袍服的纹样除了龙纹之外，还有象征幸福生活和长寿的诸多纹样。如八吉祥，又称佛教八宝，象征佛教威力的八种物象。八吉祥为法轮、宝伞、吉祥结、法螺、莲花、宝瓶、双鱼、宝盖；杂宝吉祥纹以犀角、蝙蝠、卍字、寿桃、珊瑚、牡丹等构成图案，寓意吉祥。

海水江崖纹，又称八宝平水。在袍服下摆排列着代表深海的曲线，被称为水脚。水脚上装饰有波涛翻卷的海浪、挺立的岩石，山石一般位于袍服下摆的正中和两侧，寓意福山寿海，同时也隐含了"江山一统"和"万世升平"的寓意。

龙袍的海水可分为平水和立水两部分，平水在上，呈波浪形滚涌，有时还出现旋涡、浪花等。清代早期的平水较为复杂和写生，占的比例也较大。立水是平水下的部分，通常只是用五色作斜条，早期从无到有，较为弯曲，而且较低，到后期基本是直线，而且越来越高，所占比例越来越大。

根据故宫织绣专家宗凤英总结，可以从龙袍下端的"平水"和"立水"判断袍服的时代风格，"清朝前期，龙袍没有立水，只有平水。随着年代越往后，立水越来越长"。

清早期的山崖通常比较写实，山体平缓倾斜，到乾隆时期前后，山崖变为水中岩石的效果，较为复杂透剔。乾隆晚期，山崖图像开始程式化，变为极为规矩的三个峰。

根据图样观察，这件袍服的海水中夹杂着海螺、宝瓶等佛教八宝，以及犀角、珊瑚、卍字、蝙蝠、牡丹等杂宝吉祥图案。海水只有平水没有立水。山崖分为中间高两边矮的三座山峰，山峰边缘有象征海浪拍击山崖而激起的翻滚浪花，山峰的外形比较规矩，有水中岩石的效果。据以上对比，可初步判断，海水江崖有清代乾隆时期的织造风格。

云纹，又名卿云、庆云。古时视为祥瑞的征兆，《瑞应图》释曰："庆云，非气非烟，五色缤纷，五色云出，天下太平。"[2]清代龙袍上的云纹，多为五彩祥云，以四合云和如意云为主。除了单独使用外，亦和龙纹、蝙蝠纹、八宝纹及卍字纹结合成纹样，如云纹与蝙蝠纹结合运用寓意福运。

清早期的云纹有不少沿用明代的风格。康熙时喜用骨朵云，但云尾都出尖，有时也有四合如意连云。雍正时期的云比明代更像真正的骨朵，但云尾不出尖。乾隆时期的骨朵云变得细长，

---

[1] 张凤荣：《从整理清宫旧藏帝后服饰看各时期帝后服饰的不同特点》，《丝绸史研究》1991 年第 1 期。
[2] 王智敏：《龙袍》，天津人民美术出版社，2003 年。

色彩有晕色。它在结构上更为自由，在造型上不太规则，喜欢过多的弯曲，不像前期的丰满圆润，与龙凤等主题纹样配合上喜欢叠压，而不是去适合主题纹样剩余的空间。道光时期的云形较圆，俗称烧饼云。这一云纹影响后代甚多，到同治、光绪时，云纹更呆板，通身遍布，但绝无灵动之感。

清代的龙袍中，蝙蝠纹常与卍字和寿字相伴，表示"福寿万代"或"长寿万福"等含义。清代各个时期织绣的蝙蝠有不同特点。康熙时期的蝙蝠肚子两头尖似枣核，翅膀细长，翅膀与嘴处有髭须；雍正时期的蝙蝠翅膀是花翅膀；乾隆时期的蝙蝠肚子呈椭圆形，翅膀较短；嘉庆以后的蝙蝠变化较大，肚大，圆形，翅膀短，无生气[1]。

根据图样观察，这件袍服上的云纹像骨朵，比较圆润，弯曲多，没有出尖，多呈现两朵以上的云形成的连云，组成多个如意云头，除填充主题纹样的剩余空间外，与龙纹存在较多的叠压关系。蝙蝠的肚子呈椭圆形，翅膀较短，翅膀的幅宽大。从图样中还可以看出蝙蝠纹、卍字纹与部分云纹的颜色偏暗偏深，可能没有完全褪掉颜色，推测原先应是有鲜艳的色彩。据此，可初步判断，云纹、蝙蝠纹更接近雍正和乾隆时期的特征。

通过对袍服的龙纹、海水江崖、云纹、蝙蝠纹的外形特征与清代不同时期的风格特征对比，可以推断，这件服装的织造年代，大约在清朝乾隆时期。

清代龙袍纹样是表现清代帝王统治观念的特定符号，蕴含着极其丰富的精神内涵，同时也充分体现了形式美的法则。这些纹样是有组织规律的，存在着变化与统一、对称与均衡、节奏与韵律等多种艺术形式。

4. 精湛的刺绣技法

清代龙袍纹样以其繁缛华丽的装饰之美传达出中国传统服饰的审美文化。就制作方式而言，龙袍纹样可分为机织纹样和刺绣纹样。机织纹样是通过机织表现的图案形式，刺绣纹样则需手工艺人根据设计构思直接在织物上进行刺绣，都有很高的艺术和人文价值[2]。

这件袍服的大部分颜色虽已褪去，但满幅的刺绣纹样仍然给人一种目不暇接的美感。刺绣种类主要包括平金绣、套针、绕针（打籽绣）、缉线绣、滚针等。

使用平金绣的地方主要是袍服全身的大小十六条龙纹图样。

平金绣又称钉金绣，是用捻金线单根或双根盘围出花纹轮廓，用彩色丝线钉固。清代捻金线有赤圆金、紫赤圆金、浅圆金三种。用这些不同色彩的金线以不同色彩的丝线钉固，能显现色彩的微妙变化[3]。

这件袍服在龙纹底下铺垫一层绣线，再在其上用平金绣法钉出纹样，这样可以使龙的图案产生浮雕感，其外观由于金线盘旋方向的不同，从而展示出皇家的一种富丽堂皇，使得不同形态的龙纹辗转身姿，栩栩如生。

---

［1］张凤荣：《从整理清宫旧藏帝后服饰看各时期帝后服饰的不同特点》，《丝绸史研究》1991年第1期。
［2］张福良：《论清代龙袍纹样织绣的技艺之美》，《丝绸》2009年第8期。
［3］黄能馥、陈娟娟：《中国丝绸科技艺术七千年》，中国纺织出版社，2002年。

海浪、连云、蝙蝠、杂宝、火珠、山崖等纹样使用的是套针。套针是将不同深浅的色线,劈成四五根绒来绣,前皮和后皮穿插套接(按照花纹分层绣制,每一层称为一皮),使色彩深浅自然调和过渡的刺绣针法。这种针法在欣赏性画绣中极为重要。

根据纹样外观的要求,这件服装运用了平套(即单套针)、散套(包括双套针)和集套三种。

平套是根据纹样分皮绣制,针脚齐整,丝丝相夹,使镶色和顺,绣面平服。第一皮用齐针起边,绣第二皮时开始用套针,绣于第一皮的约 3/4 处。两针之间留出一空针的间距。第三皮绣于第二皮的 3/4 处,两针之间同样留出一空针的间距,以此类推,绣至尽头处,以齐针出边。

散套针的主要特点是等长线条,参差排列,皮皮相叠,针针相嵌。由于用线更细(将一根全丝分劈成八九根绒),线条排列比较灵活,丝理转折自如,绣面细致,能生动地表现纹样的自然姿态。散套针第一皮外缘整齐,内长短参差;参差距离是线条本身长度的 1/5 左右,排针紧密。第二皮是套,线条等长参差,每间隔一针排列,线条要罩过出边的 4/5 左右。第三皮线条与第二皮相同,嵌入第二皮线条之间,与第一皮相压,照此类推,最后一皮外边绣齐,排列紧密。

集套是绣圆形的针法,第一皮外缘整齐,内长短参差,再以等长线条参差分皮顺序进行。后皮线条嵌入前皮线条中间,衔接着前皮的末尾,每条线都对准圆心。在近圆心处作藏针,每隔三针藏一短针,越近圆心藏针越多,最后一皮针迹集中于圆心。

这件袍服除了平金绣外,最具特点的是牡丹和大部分吉祥八宝纹样使用了绕针中的打籽绣,外观具有较强的立体感。

打籽绣是用针引丝线出面料之后,把线在针尖靠近面料上绕线一周,在距原起针处两根纱的地方下针,钉住线圈把线拉紧,即打成一个“籽”。绣时抽线用力均匀,结出来的籽大小匀称。纹样使用的是露地打籽的方式,将粗细不同的色线结成大小不一的籽状,粗打籽的形状像一粒粒小珠,凸出于面料;细打籽有绒圈感。运用退晕色表现出花纹质感。

勾边则用缉线绣的方式单独刺绣。缉线绣又称钉线绣,是清代京绣的一种。纹样的勾边是以一根较细的丝线作线芯,外用较粗的双股强捻合线盘缠,均匀地间隔露出芯线,使线表呈串珠状颗粒的龙抱柱线。这类专用的线按画稿的花纹回旋排满成形体或作为花纹的轮廓线,同时以同色丝线把它钉牢,钉针距离 3 ~ 5 毫米,上下两排的钉线均匀错开。绣纹有浓厚的装饰趣味。

飘逸的龙须使用的则是滚针,两线紧拟,连成曲线条纹,使线条自由转折。绣法依纹样前起后落,针针相拟,线长约 3 毫米,转折处略短。绣完第一针后,第二针在第一针的 1/2 处落针,使针迹藏在第一针之下,第三针落在第二针的 1/2 处,紧接第一针线条的末尾,以此类推。

清代宫廷服饰衣料的生产大多来自江南三织造,即江宁织造局、苏州织造局和杭州织造局,极少部分由京内染局织造。江宁善于织金妆彩以及倭缎、神帛的织造;苏州的缂丝、刺绣工艺最精;湖丝的品质最为优良,如绫、罗、纺、绉、绸等多由杭州织造。根据这件袍服纹样的刺绣精细程度推断,可能为苏州织造局生产。

清代龙袍的材料一般分为三种:缎、纱和缂丝。经过面料纤维组织结构观察,发现这件龙纹袍服的面料组织却是两上一下左斜纹绫,这也是有别于一般龙纹袍的一个显著特点。

5. 结语

　　根据以上对比判断，可初步认为，此件做工精细的袍服是一件男式龙纹袍，其织造年代大约在雍正后期至乾隆中期。

　　清代龙袍是清代宫廷服装最具代表性的服装之一，纹样的织绣在技术和艺术方面巧妙地运用了多样统一的法则，虚与实、聚与散、大与小、疏与密的对比，营造出富于辩证变化且又和谐始终、回味无穷的绝妙境界。纹样图案与刺绣技法的有机结合，巧夺天工，浑然一体，达到了技术与艺术的高度融合，折射出中华服饰文化的辉煌风采。

附录三

沂南河阳社区墓地出土丝织品织绣纹样图案探究

徐军平　丁相廷　周坤

纹样是由构图、线条、色彩等成分构成，作为当时社会思想、观念存在的表现形式，具有装饰性、象征性和寓意性。清朝时期的服饰纹样综合运用了政治、经济、历史、文化、风俗和宗教等各方面因素作为构思的基础，集中体现出一个民族丰富的文化内涵，以及对精神信仰的寄托和表达。

沂南河阳社区墓地共出土 37 件（套）丝织品，其中具有花纹的织物 25 件，纹样图案多达 50 余种，种类繁多，构图精美。

1. 纹样图案分类[1]

这些纹样元素间有一定组合规则，具有符号功能，传达着丰富的文化内容。

1.1　具体形象表现手法

1.1.1　单体动物纹样图案

在这些纹样中，能够相对独立存在的单体动物纹样图案主要有龙、蟒、蝙蝠。

"龙"是中华民族的象征，在进入阶级社会以后成为代表权势和等级的符号，其面貌也转而变得威严、富丽堂皇起来，龙袍更是成为天子的象征。

绣金龙吉祥纹绫蟒袍（M3 ：49）中，龙纹的整体造型形式为曲线形，这种韵律的动感将帝王的威严与至高无上的权力展现得淋漓尽致。

龙纹主要有 C 形和 S 形两种曲线形式，其中坐龙纹样为 C 形曲线，显得成熟稳重；升龙和行龙纹样为 S 形曲线，动感极为强烈。在形态构成上融入了统一与变化、均衡与稳定，形体的主要部位则以优美的曲线构成龙形在自由度上的"三弯九转""盘曲回旋""腾越潜伏"的运动姿态，形成了动静、刚柔的强烈对比，从而产生庄重严肃的感觉。

龙纹的形态可以分为三种：一为坐龙，龙身正襟危坐，眼神平视正前方，象征着天下太平，皇权稳固。二为行龙，龙似游走，侧身翻腾，富有活力，象征忠谨效命。三为升龙，龙头向上，躯干在下，象征围绕拥戴之意。

---

[1] 不包括两件方补。

　　龙纹的另外一个重要特征就是权力象征。中国历代器物和服装上都出现过龙的形象，但大多数只是作为图腾的象征，本身并不具有权力，但作为统治者权力的象征后，其社会象征意义远远大于审美功能。按照清朝的服制，龙袍只限于皇帝穿用，而一般官员则以蟒袍为贵。虽然绣金龙吉祥纹绫蟒袍（M3 ：49）和织金妆花缎蟒袍（M1 ：33）的主纹样分别是五爪和四爪的龙形纹，但用于臣子时只能称为蟒袍。清代用"龙"作为天子服装和赏赐给有功大臣服装的装饰已达到了登峰造极的程度[1]。

　　蝙蝠也是清代纹样图案中常用的动物图案，它通常运用联想、谐音、象征等手法传达人们内心美好的愿望。蝙蝠音同"福"，与寿字纹连用，常见的如"五蝠捧寿""蝠寿双全"，红色蝙蝠与五彩祥云结合寓意"红福齐天"。

1.1.2　单体植物纹样图案

　　这批清代织物中有多种单体植物纹样图案，以牡丹为主，此外还有菊花、梅花、莲花、灵芝、仙桃等。

　　清代纹样的一个特点是注重纹样的寓意，通过纹样的形象和谐音的设计方法达到"图必有意，意必吉祥"。

　　牡丹素有花中之王的称誉，于我国种植发展已有两千余载的历史。牡丹花雍容华贵，气质高雅，象征着富贵荣华、幸福美好、吉祥平安之意。北宋司马光盛赞牡丹："洛阳春日取繁荣，红绿丛中下万家，谁道群花如锦绣，人将锦绣学群花。"

　　牡丹图案在这批织物的众多纹样中显得写实逼真，表达出一种令人眼花缭乱的富贵之美。

　　此外，菊花、梅花和莲花都通过各种变形设计方法，呈现出千姿百态的形式。这些花卉品格独特，气质优雅，自古便是文人墨客笔下赞赏的佳卉。比较特别的是团二龙戏珠纹缀立领暗花绸夹袍（M3 ：51）团花纹样中间显示的一朵莲花，寥寥数笔勾勒出莲花轮廓，中间突出的莲蓬，强烈地表现出莲花整体的透视效果，同时包含着生命、多子延续的寓意。灵芝具有独特的药学功效，是中国传统药材，被誉为"仙草"。传说服用灵芝能够延年益寿、羽化登仙。桃在神话中常被誉为长寿仙果，服用后能位列仙班，长生不老，并且具有镇鬼驱邪的作用。

1.1.3　动植物结合图案

　　在这批织物中，动植物结合图案最多的应是花蝶纹。与蝴蝶配伍的有牡丹、菊花、梅花和桃花等。纹样中蝴蝶姿态优美，于花间翩翩起舞，造型上以展翅的侧面形象出现，生动轻盈，相对于花卉有若即若离的感觉，纹样主题表达的是蝶恋式组合，是一种爱情的表达方式。

　　团二龙戏珠纹缀立领暗花绸夹袍（M3 ：51）的袖口里衬纹样中，两只蝴蝶在造型上以展翅、对称、丰腴的形象出现，除口衔一朵梅花和桃花外，中间还有一团牡丹花，以具象的手法描绘出蝴蝶在花丛中流连忘返的状态，传达着美好吉庆的寓意。

　　除了对爱情、生活美满等文化内涵的表达外，在中国传统文化中，蝴蝶还含有长寿、福寿绵延的寓意[2]。

---

［1］黄能馥、陈娟娟：《中国龙袍》，紫禁城出版社，2006 年，第 186 页。

［2］常丽霞、苗勇：《中国传统服饰中蝶形纹样的文化特征》，《国际纺织导报》2014 年第 9 期。

1.2　抽象表现方法

1.2.1　非客观实物线性图案

此类图案多以团花纹和方补的边缘装饰纹样出现。例如：团二龙戏珠纹缀立领暗花绸夹袍（M3：51）单元纹样中间的回纹、团花纹暗花绉绸六品文官补褂（M3：48）单元纹样中的变异S纹，以及方补边缘的回纹，都抽象地表达出一种连绵不绝、循环往复之意。

1.2.2　会意类图案

这批出土服装的里衬纹样中，有大量的变异莲花和梅花组合图案。莲花多以格式化的线条组合而成。莲梗呈手捧状，花瓣伸展似伞，莲瓣有尖、圆、单、复等形状，花蕊中心呈点状、瓣状，所有线条合成一个大花朵。梅花是由七个规则的正六边形组成六瓣一蕊的标准纹样。图案以抽象化、格式化的形式，会意地表达出莲花和梅花的有机组合。

1.3　蕴含象征意义表现手法

1.3.1　特殊象征符号图案

这批织物中包含了大量带有特殊象征符号的图案。例如：卍字、佛教八宝、杂宝、太阳、云、海水、山石等。

"卍"是佛教的一种吉祥符号，自武则天定为"万"音，以寓五谷丰登、万物尽有之意。卍字纹在清代织绣装饰图案上多以组合形式出现，由两个或者两个以上卍字纹两两相对成排成列，形成对立统一的图案。

团花太极纹暗花绉绸夹袍（M3：31）里衬纹样中就有卍字和莲花组合图案。卍字纹结构上简洁、大方，由四条长短相同的线条按照同等比例间隔，从一点朝一个方向旋散形成，左转和右转的卍字隔行排列形成连体卍字纹，莲花也是隔行左右相反散点排列于卍字曲水纹之间，纹样尽显庄重却不失灵动，卍字与莲纹的组合寓意着万世不灭[1]。

八宝纹是佛教中的八吉祥，指代佛教中的八种法器：法轮、宝伞、吉祥结、法螺、莲花、宝瓶、双鱼、宝盖。八宝纹在清代发展已趋于成熟。绣金龙吉祥纹绫蟒袍（M3：49）面料刺绣的佛教八宝是散点排列，飘带在四周萦绕，部分八宝与珊瑚、花卉等杂宝连缀存在。八宝纹通过纹样背后象征性的宗教含义来表达吉祥之意，因清代延续了尚佛的传统，此纹样在清朝一代发展到了最高峰。

太阳象征着皇帝，是权力的中心。云是行之天空之物，延伸为国之领空。海水则代表着广阔的海域，延伸为国之海疆。山石代表广袤的山川大地，延伸为国之陆地。四者同时出现在服装的修饰纹样中，象征着皇帝享有海陆空疆土的无上权力。

1.3.2　嵌字图案

团五蝠捧寿纹暗花绫六品文官补褂（M1：32）和团五蝠捧寿纹暗花绫夹袍（M1：36）的团花纹样相同，外围以五只蝙蝠旋转围绕组成圆形的外部轮廓，中心是变体的寿字，寿字中间还穿

---

[1] 王婷婷：《卍字纹魅力解析》，《西部皮革》2016年第8期。

连了两个卍字，属于典型的嵌字图案。

"五蝠捧寿"装饰纹样的主要含义就在五蝠当中。蝠通福字，是指幸福、和睦，《韩非子》："全寿富贵，谓之福。"《礼记·祭统》："福者，备也，备者，百顺之名也，无所不顺者之谓备也，即长寿、富贵、安宁、吉庆、如意等全备完美之意。"五福的含义囊括了世人所能想到的所有幸福，包括寿比南山、福如东海、行善积德、荣华富贵等等。

"五蝠捧寿"又可以称作"五蝠拱寿"，由此可见五福之中寿为先。蝙蝠，传统中的含义也有长寿万安的意思。《抱朴子》曰："千岁蝙蝠，色如白雪，集则倒悬，脑重故也。"《太平御览》和《水经》都称："交州丹水亭下有石穴，穴中蝙蝠大者如鸟，得而服之使之神仙。"故而，蝙蝠纹与寿字纹正是响应了人们对健康长寿的渴望从而结合在一起。

世人对于幸福人生的渴望从未改变，然而"五蝠捧寿"纹样所呈现的深层含义，正是从各个方面反映出世人对"福"最自然、最完全的渴望。"五蝠捧寿"纹样也就化身成幸福祥和的符号[1]。

1.3.3 谐音图案

五蝠团兽纹暗花绉绸六品文官补褂（M3：48）图案较为抽象，外围是蝙蝠和祥云，内圈是无法辨识的动物纹，中心是一朵绽放的莲花。完全用动物纹的谐音来表达吉祥的寓意，以五蝠团兽谐音五福团寿。

2. 纹样图案构图特点

这批出土织物的纹样构图特点主要分为散点、团花和线性三类。

2.1 散点构成式

2.1.1 局部规则散点形式

局部规则散点形式是以局部单元纹样为循环，有规律地散点分布在织物上。这批织物中多数纹样都属于这种构成形式。包括缠枝纹、折枝纹和花蝶纹。

缠枝花卉纹绸小袄（M3：29-2）、缠枝花卉纹暗花缎马褂（M3：52）和缠枝花卉纹暗花缎宽腰夹裤（M3：54）的缠枝纹样将枝叶和牡丹花经过设计变形，以多方连续的形式布满全局。缠枝牡丹纹叶片大而转侧变化，被缠绕的牡丹花头分瓣细致，图案突出，表现出连续的S形波状曲线，以枝叶为骨干线，相互串联成有严密组织的骨架，主花位于缠枝骨架之中，枝叶围绕主花来回穿插，有规则地散点排列，整体效果姿态生动，疏密有致。织物中折枝纹和花蝶纹图案的构成形式与缠枝纹类似，只是单元纹样的表现形态略有不同。

2.1.2 整体规则散点形式

织金妆花缎蟒袍（M1：33）和绣金龙吉祥纹绫蟒袍（M3：49）的纹样图案满地铺陈，纹样烦琐，结构上流于松散，初看属于自由式散点排列，没有规律，但将整件服装的纹样综合来看，则呈现出左右对称的形态，故而将其归为整体规则散点排列形式。

---

[1]黎倩：《小谈"五福捧寿"纹样》，《人间》2015年第30期。

2.2　团花构成式

中国传统团花图案具有非常悠久的历史，历经数千年，在清代达到空前鼎盛。团花图案不仅展示着皇族森严的服饰制度，还体现了当时人们对美好生活的向往。

这批清代织物的团花图案取材广泛，内涵丰富。在空间布局上大多是围绕中心、中轴线做对称、放射或回旋展示，无论何种形式，最终都在追求图案的"和谐"，不仅彰显皇族贵胄的尊贵身份，也夸耀着平民百姓的美好生活和福寿康宁，体现了中国儒家的"中庸"思想。

主要构成形式可以分为四种：独体式、轴对称式、喜相逢式、中心式。

2.2.1　独体式

独体式是由一种题材构成一个团花，排列随意，题材自由。团二龙戏珠纹缀立领暗花绸夹袍（M3：51）袖口里衬图案中随意地排列着几朵牡丹花，有的含苞待放，有的饱满绽放。团二龙戏珠纹暗花绫夹袍（M3：32）里衬纹样中仅有一棵萱草灵芝和周围的蔓草围成一朵小团花，显得随性自由。

2.2.2　轴对称式

轴对称式是以中线为对称轴，左右两边纹样相同。这种对称性不仅满足了人们追求好事成双的心理，同时在视觉上也给人稳重均衡的感觉，体现了对称与均衡的形式美。团五蝠捧寿纹暗花绫六品文官补褂（M1：32）和团五蝠捧寿纹暗花绫夹袍（M1：36）的团花图案中，无论是动物还是汉字都以中轴线作左右对称，是典型的轴对称式。团花太极纹暗花绉绸夹袍（M3：31）的团花纹样从整体上看也属于这种类型，特殊之处在于中心的太极纹不是轴对称。

2.2.3　喜相逢式

喜相逢式形如太极图，用S线将圆形一分为二，两边各有一个纹样相对，形成相逢之状，取吉祥之名为喜相逢。它产生一种相互调和又相互对立的运动感，达到一种变化统一的美[1]。

团二龙戏珠纹暗花绫夹褂（M3：29-1）和团二龙戏珠纹暗花绫夹袍（M3：32）纹样中的两条龙纹设计成"S"形，线条自然流畅，连同火珠纹燃烧的火焰都体现出一种动感，而周围的缠枝莲花则体现出一种静态，整个图案动中有静，静中有动。其中，游动、相互呼应、回旋的情势，体现了变化与稳定的美学法则。

2.2.4　中心式

中心式是以中心纹样为一个题材，四周辅以较小的纹样形成团花图案。五蝠团兽纹暗花绉绸六品文官补褂（M3：48）的纹样是以动物纹为中心，外围嵌套"S"纹，外圈是形象的蝙蝠和祥云，最后用等距的短线条勾勒出团花的边缘。

团二龙戏珠纹缀立领暗花绸夹袍（M3：51）的纹样是以抽象的二龙戏珠纹为中心，外围嵌套回纹，外圈是用线条勾勒的兽面纹，最后也是用等距的短线条勾勒出团花的边缘。

织绣团花是清代服饰中最具有代表性的图案之一，多种多样的纹样赋予它不同的寓意和内涵，繁复精美的工艺造就了其独特的艺术魅力[2]。

---

[1]吴迪：《喜相逢——传统图案中的对称美》，《黑龙江科技信息》2008年第10期，第137页。

[2]顾茜茜：《中国团花装饰初探》，南京艺术学院，2009年，第3～18页。

2.3　线性式

团花太极纹暗花绉绸夹袍（M3 ： 31）里衬纹样的曲水卍字首尾相连，不间断地以线性向四周发散，属于典型的线性式图案。

3. 方补图案特点

补子，是中国古代皇帝、皇后、妃嫔、皇子、公主、王公、命妇及文武百官所穿的补服上，用金线和彩丝织绣而成的钉缀图像标识，是帝后君臣地位尊卑的象征、品级高低的标志。补服制度，自隋代创始，至明清两代已十分完备。清代文官补子绣禽，武官补子绣兽。帝后王公贝勒用圆补，镇国公以下及文武百官用方补[1]。

团五蝠捧寿纹暗花绫六品文官补褂（M1 ： 32）方补图案为：一轮太阳位于左上角，如意连云分散于天空，五只蝙蝠翱翔在空中，鹭鸶立于山石昂头望向太阳，两边有山石、仙桃、灵芝、水仙花，翻滚的平水中若隐若现的有火珠、如意、珊瑚、方胜、方孔钱、犀角、画轴等杂宝。两组龙抱柱线限定了方补的空间大小，边缘修饰有蔓草纹，整件方补虚实结合。

五蝠团兽纹暗花绉绸六品文官补褂（M3 ： 48）方补图案为：一轮太阳位于左上角，如意状的卷云布满方补的背景空间，五只蝙蝠穿行于浓密厚重的云层间，鹭鸶立于山石昂头望向太阳，两边有山石、仙桃、灵芝、水仙花，翻滚的平水中若隐若现的有火珠、如意、珊瑚、方胜、卍字、画轴、犀角、方孔钱等杂宝。边缘用钉金线修饰有回纹，整件方补显得非常饱满。

鹭鸶纹是判断六品文官的主要标志。其余的主纹样内容也蕴含着多种寓意，主体造型为鹭鸶抬头望日，太阳象征皇帝，是权力的中心，绣在补子上代表对皇帝的尊重。云纹、水纹和山石纹分别代表着天空、海洋和陆地三界，也是皇权所及的范围。

方补的造型也颇具特点。首先，补服纹样属于方形构图，整体造型非常规则。其次，补服纹样的整体构成模式是以具象生物为主体。纹样采用了对称、叠加、连续重复等组合模式。第三，纹样在造型和构成模式中采用了统一与变化、对称与平衡、对比与调和的法则，使复杂的补服图案显得稳定、庄严、整齐。

此外，这两件方补还具有明显的时代特征。

清代初期在舆服制度没有确立之前，补子主体纹样造型并不固定。康熙中期以后则统一变成单立禽纹，并成为补子主纹造型的标准。

雍正时期补子的边缘经历了由无边到云纹装饰边缘再到一宽一窄两条细小金边的演变过程。雍正晚期，补子中出现了新的元素——蝙蝠，数量为 5 个，形状各异，称五蝠。单个云纹体积小呈蘑菇状并布满整个背景。

乾隆中早期的补子，八宝纹样只选择杂八宝，通常是在山石纹的两侧水纹中选择宝珠、犀角、书、画等三至五种为多。乾隆晚期，最明显的变化在于补子边缘的装饰出现了比较宽的回纹。

---

[1] 王宝林、宗凤英：《中国文武官补》，南京出版社，2007 年，第 5 页。

嘉庆时期的补子纹样内容繁杂，但补子的立水纹很少出现。

道光时期的补子，代表天空、海洋和陆地的云纹、水纹和山石重新变得明显带有标志性。为突出主纹，在图案布局上通常会在主纹四周留底。五彩云的形状开始出现灵芝云的模样，并且常分布在补子四周。水纹主要还是平水纹，补子边饰以盘金绣的回纹为多。

1850 年，咸丰皇帝登基。以后补子比较重大的变化就在于斜波浪立水纹的出现[1]。

根据以上各时代补子的特点考证，可以推断这两件方补的织造时代应该介于乾隆至嘉庆之间。

4. 结语

这批织物的大多数图案都是多种吉祥纹样的综合体，其中掺杂着宗教信仰、风俗习惯、神话传说等诸多因素，体现出设计者与使用者对图案美好寓意的向往，蕴含着强烈的吉祥文化。

但同时，这批清代服饰属于官宦所穿戴，必然带有当时阶级地位的特点，其服装上的纹样不仅具有装饰作用，还具有作为统治者权力的象征。

---

[1] 李晓玲：《清代文官补子纹样的演变》，《艺术设计研究》2015 年第 4 期。

附录四

沂南河阳社区墓地出土丝织品组织结构鉴定与研究

刘　靓　　徐军平

为配合沂南县河阳社区民生工程建设，2013年6月~7月，山东省文物考古研究院联合临沂市、沂南县文物部门，抢救性考古发掘了三座清代墓葬，出土大量精美丝织品。这些丝织品工艺精湛、纹饰精美，具有较高的历史、艺术和科学价值。尤其是在经过清洗保护后，发现织物种类繁多，为研究当时的织造工艺以及该地区经济、文化、生活习俗提供了重要的实物资料。本文将织物分为素织物、暗花织物和重织物进行鉴定与研究。

1. 素织物

1.1　平纹素织物

1.1.1　绢

绢，单层平纹素织物的统称。平纹组织是最简单的织物组织，也是平纹、斜纹、缎纹三原组织中出现最早的组织，表现为经纱和纬纱每隔一根纱线就交错一次。一般纱线密度较小、孔眼较大的可称为纱；密度较大、紧密的可称为绨；纤维投影宽度适中、密度适中的则可称之为绢。河阳社区墓地出土的丝织品文物中绢织物主要有素绢对襟坎肩（M1：34）、素绢单裤（M1：37）、素绢单褡（M1：41）、素绢短衫（M1：42）、素绢夹袍（M3：29-3）、素绢夹袍（M3：53）。

例如：

素绢对襟坎肩（M1：34）：面料为绢织物，经线无捻，密度58根/厘米，投影宽度0.17毫米；纬线无捻，密度40根/厘米，投影宽度0.21毫米。（图1、2）

素绢夹袍（M3：29-3）：面料里衬均为绢织物。经线无捻，密度68根/厘米，投影宽度0.15毫米；纬线无捻，密度52根/厘米，投影宽度0.18毫米。（图3、4）

1.1.2　绉纱

织物表面有细小颗粒或凹凸不平的外观，通过丝线捻度、捻向变化，织成的平纹织物即为绉。古代称之为縠。《释名》："縠，粟也，其形戚戚，视之如粟也。"唐宋时期仍可见许多縠类产品的名称，但到明清时期，縠的名称出现较少，取而代之的是绉或绉纱[1]。

---

[1] 赵丰：《中国丝绸艺术史》，文物出版社，2005年。

图1　素绢对襟坎肩（M1：34）面料组织显微图
（140×）

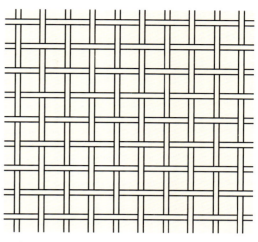

图2　素绢对襟坎肩（M1：34）面料组织结构线图

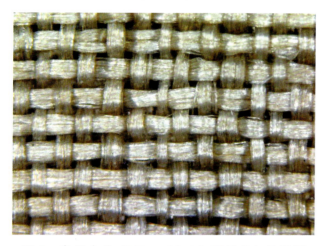

图3　素绢夹袍（M3：29-3）面料组织显微图
（120×）

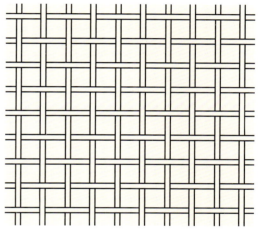

图4　素绢夹袍（M3：29-3）面料组织结构线图

　　这批丝织品文物中素绉纱仅有两件，为素绉纱腰带（M1：38）和素绉纱腰带（M3：55）。两件腰带均为经线无捻，纬线强捻，且纬线为两股强S捻与两股强Z捻相间排列，相邻两根纬线绉缩方向不一致，形成均匀细微的绉效应。这种绉的织造方法与现在的双绉相同。

　　例如：

　　素绉纱腰带（M1：38）：长195厘米，宽10厘米，呈现浅黄色，单层。经线密度50根/厘米，投影宽度0.10毫米，无捻；纬线密度40根/厘米，投影宽度0.18毫米，两股S向强捻纬线与两股Z向强捻纬线相间排列。（图5、6）

　　素绉纱腰带（M3：55）：长196厘米，宽11厘米，呈现浅黄色，单层。经线密度60根/厘米，投影宽度0.10毫米，无捻；纬线密度40根/厘米，投影宽度0.17毫米，两股S向强捻纬线与两股Z向强捻纬线相间排列。（图7、8）

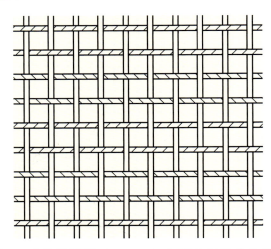

图 5　素绉纱腰带（M1：38）面料组织显微图　　　　图 6　素绉纱腰带（M1：38）面料组织结构线图
（180×）

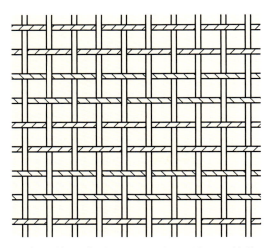

图 7　素绉纱腰带（M3：55）面料组织显微图　　　　图 8　素绉纱腰带（M3：55）面料组织结构线图
（180×）

1.2　斜纹素织物

绫，是以斜纹或斜纹变化组织为地组织的花、素织物。其表面有经纱或纬纱组成的斜纹线，特征是织物表面有沿斜线方向形成的凸起纹路。绫是我国历史最悠久的丝织品种类之一。

绫作为丝织品名称最早见于史书为战国时期。《六韬》中记载："夏殷桀纣之时，妇女锦绣文绮之坐席，衣以绫纨常三百人。"汉代对绫织物的记载渐渐增多，真正发展则是在魏晋开始，唐代达到全盛时期[1]。

河阳社区墓地出土的素绫织物仅有一件，为绣金龙吉祥纹绫蟒袍（M3：49），此袍的面料及袖口边缘面料均为素绫织物。面料经线密度 60 根 / 厘米，投影宽度 0.10 毫米，弱 Z 捻；纬线密度 50 根 / 厘米，投影宽度 0.20 毫米，无捻，为两上一下左斜纹素绫。其反光带的方向为↑，

---

［1］袁宣萍：《绫的品种及其演变》，《丝绸》1981 年第 5 期。

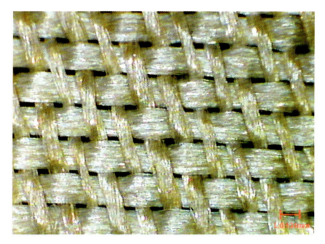

图 9　绣金龙吉祥纹绫蟒袍（M3：49）面料组织
显微图（120×）

图 10　绣金龙吉祥纹绫蟒袍（M3：49）面料
组织结构线图

图 11　绣金龙吉祥纹绫蟒袍（M3：49）袖口
边缘面料组织显微图（120×）

图 12　绣金龙吉祥纹绫蟒袍（M3：49）袖口
边缘面料组织结构线图

与织物的斜线方向 S 一致，因此，这件文物的面料斜纹线清晰突出。（图 9、10）

绣金龙吉祥纹绫蟒袍（M3：49）：袖口边缘面料经线密度 100 根 / 厘米，投影宽度 0.10
毫米，弱 Z 捻；纬线密度 50 根 / 厘米，投影宽度 0.13 毫米，无捻，为三上两下右斜纹素绫。（图
11、12）

1.3　缎纹素织物

缎，是三原组织中出现最晚，也是最复杂的一类组织。主要表现为经纬纱线相交形成一些单
独的、互不相连的组织点，组织点分布均匀且有规律。一般认为缎纹组织是由斜纹组织变化而来，
缎纹组织得到的纱线浮长相比斜纹组织更长，使织物的色彩更加丰富。

缎，也称作"纻丝"或"注丝"，从考古实物来看，缎纹组织首先以重组织的形式出现，即
缎纹纬锦，盛行于辽宋时期。作为单层织物的缎纹最早见于元代，明清时期得以普及。

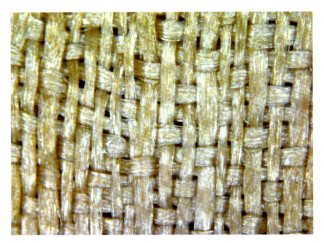

图 13　织金妆花缎蟒袍（M1：33）里衬面料
组织显微图（120×）

图 14　织金妆花缎蟒袍（M1：33）里衬面料
组织结构线图

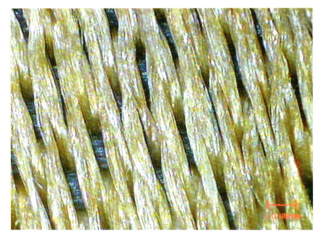

图 15　素缎靴（M1：21、22）面料组织显微图
（180×）

图 16　素缎靴（M1：21、22）面料组织结构线图

素缎则是指不提花的缎织物，各种素缎之间的主要区别在于组织循环的大小。五枚素缎最多，也出现最早，八枚素缎出现较晚。河阳社区墓地出土的素缎织物主要为五枚二飞经面素缎和八枚三飞经面素缎两种。五枚二飞经面素缎有织金妆花缎蟒袍（M1：33）的里衬和绣金龙吉祥纹绫蟒袍（M3：49）的里衬。八枚三飞经面素缎有素缎靴（M1：21、M1：22）、缎地如意帽（M1：25）、缎地暖帽（M1：28）、缎地暖帽（M3：30）、绣金龙吉祥纹绫蟒袍（M3：49）的接袖以及缠枝花卉纹暗花缎宽腰夹裤（M3：54）的附属物素缎单袜。

例如：

织金妆花缎蟒袍（M1：33）：里衬经线密度70根/厘米，投影宽度0.14毫米，无捻；纬线密度50根/厘米，投影宽度0.22毫米，无捻，为五枚二飞经面素缎。（图13、14）

素缎靴（M1：21、22）：面料经线密度150根/厘米，投影宽度0.15毫米，无捻；纬线密度50根/厘米，投影宽度0.23毫米，无捻，为八枚三飞经面素缎。（图15、16）

2. 暗花织物

中国古代丝织物分为素织物和提花织物两种，暗花织物是经纬同色的一种提花织物，是中国古代丝织物的一个重要类别。根据瑞典西尔凡女士发现的商代青铜钺上的回纹绮印痕，可知暗花织物商代已经出现。暗花织物发展到明清时期技术已经非常成熟且种类繁多。根据暗花织物采用地组织的不同，可将其分为平纹、斜纹、缎纹、绞经和起绒五大类。河阳社区墓地出土的暗花织物主要是平纹类、斜纹类和缎纹类三种。

2.1　平纹类暗花织物

2.1.1　绸

古代平纹类暗花织物是指在平纹地组织上提花的单层单色丝织物。《说文》中有"绮，文缯也"，文缯即是平纹地暗花织物，与考古出土的实物相比较可知，汉代这种平纹类暗花织物被称为绮。汉代之前平纹类暗花织物与汉代的绮有所不同，被称为商式组织。到唐宋时期，绮的名称又被绫所取代，有学者为了与斜纹绫相区别，称之为平纹绫。明清时期，则多称之为绸。

河阳社区墓地出土的绸织物共有三种。第一种是一上一下平纹地组织上起三上一下右斜纹花的暗花绸，这种类型的绸织物数量较多，多用作袍服里衬；第二种是织物经线无捻，纬线强捻，且纬线为两股强 Z 捻与两股强 S 捻相间排列，交织形成的平纹地组织上起三上一下左斜纹花的暗花绉绸；第三种是两股丝线并丝作为经线与强捻纬线一上一下交织的地组织上经线浮长显花的暗花绉绸。

例如：

缠枝花卉纹绸小袄（M3：29-2）：面料经线密度 72 根 / 厘米，投影宽度 0.14 毫米，无捻；纬线密度 40 根 / 厘米，投影宽度 0.17 毫米，无捻，为平纹地组织上起三上一下右斜纹花绸。（图 17、18）

团花太极纹暗花绉绸夹袍（M3：31）：面料经线密度 64 根 / 厘米，投影宽度 0.17 毫米，无捻；纬线密度 28 根 / 厘米，投影宽度 0.14 毫米，两股强 Z 捻与两股强 S 捻相间排列，为平纹地组织上起三上一下左斜纹花的暗花绉绸。（图 19、20）

五蝠团兽纹暗花绉绸六品文官补褂（M3：48）：面料经线密度 60 × 2 根 / 厘米，投影宽度 0.10 毫米，无捻；纬线密度 40 根 / 厘米，投影宽度 0.22 毫米，强 Z 捻，为两股丝线并丝作为一根经线与纬线一上一下交织的平纹地组织上经线浮长显花的暗花绉绸。（图 21、22）

2.1.2　暗花绉纱

河阳社区墓地出土的平纹类暗花织物还有一类，区别于上文所说的绸，织物轻薄、纤维孔眼较大，但织造方法仍然是一上一下平纹地组织上起三上一下右斜纹花的暗花织物，故称之为暗花绉纱。这类织物共有 4 件，均为丝带。

例如：

折枝花卉纹暗花绉纱丝带（M1：39）：经线密度 72 根 / 厘米，投影宽度 0.14 毫米，无捻；

图 17　缠枝花卉纹绸小袄（M3：29-2）面料
组织显微图（80×）

图 18　缠枝花卉纹绸小袄（M3：29-2）面料
组织结构线图

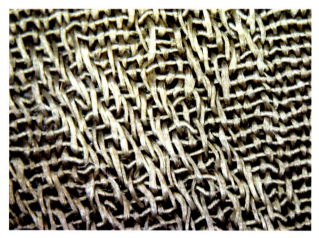

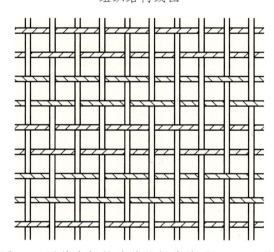

图 19　团花太极纹暗花绉绸夹袍（M3：31）
面料组织显微图（80×）

图 20　团花太极纹暗花绉绸夹袍（M3：31）
面料组织结构线图

图 21　五蝠团兽纹暗花绉绸六品文官补褂
（M3：48）面料地组织显微图（200×）

图 22　五蝠团兽纹暗花绉绸六品文官补褂
（M3：48）面料地组织结构线图

图 23　折枝花卉纹暗花绉纱丝带（M1 ： 39）
组织显微图（80×）

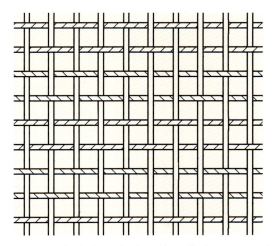

图 24　折枝花卉纹暗花绉纱丝带（M1 ： 39）
组织结构线图

纬线密度 36 根 / 厘米，投影宽度 0.14 毫米，两股强 Z 捻与两股强 S 捻相间排列，为平纹地组织上起三上一下右斜纹花的暗花绉纱。（图 23、24）

2.2　斜纹类暗花织物

斜纹类暗花织物是指在斜纹地组织上提花的单色单层织物。在斜纹组织作为地组织的暗花织物中，花部组织也主要采用斜纹，平纹作花较少，缎纹作花在唐代后期增多，此外还有浮长显花的。斜纹类暗花织物可称之为暗花绫。根据其枚数、斜向的区别，可将之分为异向绫、同向绫、缎花绫和浮花绫四种。

河阳社区墓地出土的斜纹类暗花织物主要为同向绫。同向绫花地斜向一致，主要通过浮长的对比显示花纹。同向绫又分为异单位同向绫和同单位同向绫。异单位同向绫出现较早，最早出现在唐代，多为两上一下作地、一上五下显花。此批织物中就有 8 件此类同向绫，3 件为两上一下作地、一上五下显花的同向绫，如团五蝠捧寿纹暗花绫六品文官补褂（M1 ： 32）、团五蝠捧寿纹暗花绫夹袍（M1 ： 36）、团二龙戏珠纹暗花绫夹褂（M3 ： 29-1）面料。2 件为三上一下作地、一上两下显花的同向绫，如花蝶纹绫单被（M1 ： 30）、花蝶纹暗花绫夹袍（M1 ： 35）。3 件为三上一下作地、一上三下显花的同向绫，如团二龙戏珠纹暗花绫夹褂（M3 ： 29-1）里衬、花蝶纹绫缎拼接夹被（M3 ： 34）幅头、花蝶纹暗花绫夹褥（M3 ： 42）。赵丰先生认为此类同向绫花和地组织的主要区别在于浮面的不同，可称之为异面绫。

例如：

花蝶纹暗花绫夹袍（M1 ： 35）：面料经线密度 100 根 / 厘米，投影宽度 0.11 毫米，无捻；纬线密度 36 根 / 厘米，投影宽度 0.18 毫米，无捻，为三上一下右斜纹地组织上起一上两下右斜纹花的暗花绫。（图 25、26）

团五蝠捧寿纹暗花绫夹袍（M1 ： 36）：面料经线密度 72 根 / 厘米，投影宽度 0.12 毫米，无捻；纬线密度 44 根 / 厘米，投影宽度 0.25 毫米，无捻，为两上一下左斜纹地组织上起一上五下左斜

图 25　花蝶纹暗花绫夹袍（M1：35）面料组织
显微图（80×）

图 26　花蝶纹暗花绫夹袍（M1：35）面料组织
结构线图

图 27　团五蝠捧寿纹暗花绫夹袍（M1：36）
面料组织显微图（80×）

图 28　团五蝠捧寿纹暗花绫夹袍（M1：36）
面料组织结构线图

纹花的暗花绫。（图 27、28）

　　花蝶纹绫缎拼接夹被（M3：34）：幅头经线密度 96 根 / 厘米，投影宽度 0.12 毫米，无捻；纬线密度 56 根 / 厘米，投影宽度 0.20 毫米，无捻，为三上一下右斜纹地组织上起一上三下右斜纹花的暗花绫。（图 29~31）

2.3　缎纹类暗花织物

　　缎纹类暗花织物是指在缎纹地组织上提花的单层丝织物。以经面缎作地纬面缎作花的被称为暗花缎，以纬面缎作地经面缎作花的则被称为亮花缎。河阳社区墓地出土的缎纹类暗花织物均为暗花缎。暗花缎主要是通过花地缎组织浮面的不同来显示花纹。其特点是经线密度大、纬线密度小。暗花缎首先出现在宋元之际，最早的暗花缎实物是在江苏无锡的钱裕墓出土的五枚暗花缎。清代之前流行五枚暗花缎，清代之后逐渐流行八枚暗花缎。

图 29　花蝶纹绫缎拼接夹被（M3：34）幅头地
组织显微图（185×）

图 30　花蝶纹绫缎拼接夹被（M3：34）幅头
花部组织显微图（175×）

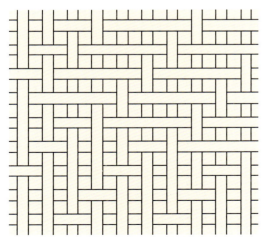

图 31　花蝶纹绫缎拼接夹被（M3：34）幅头
组织结构线图

河阳社区墓地出土的暗花缎主要有五枚二飞暗花缎和八枚三飞暗花缎两种。涉及的文物有：团五蝠捧寿纹暗花绫夹袍（M1：36）的袖口里衬、花蝶纹绫缎拼接夹被（M3：34）竖幅面料、团二龙戏珠纹缀立领暗花绉绸夹袍（M3：51）袖口里衬、缠枝花卉纹暗花缎短衫（M3：52）面料、缠枝花卉纹暗花缎宽腰夹裤（M3：54）面料。

例如：

花蝶纹绫缎拼接夹被（M3：34）：竖幅面料经线密度 100 根 / 厘米，投影宽度 0.09 毫米，无捻；纬线密度 34 根 / 厘米，投影宽度 0.21 毫米，无捻，地部为五枚二飞经面缎，花部为五枚二飞纬面缎，为五枚暗花缎织物。（图 32~34）

团二龙戏珠纹缀立领暗花绉绸夹袍（M3：51）：袖口里衬经线密度 140 根 / 厘米，投影宽度 0.08 毫米，弱 Z 捻；纬线密度 60 根 / 厘米，投影宽度 0.23 毫米，无捻，地部为八枚三飞经面缎，为八枚暗花缎织物。（图 35、36）

3. 重织物

织金妆花缎蟒袍（M1：33）的面料组织与上文的单层织物均不同，其地组织为八枚三飞经面缎，但花部组织是数组纬丝与一组经丝进行交织，应为重织物，而其花部采用金线作通梭织入的挖梭工艺，属于织金妆花缎，此类工艺在明代已经开始盛行。

织金妆花缎蟒袍（M1：33）：面料经线密度 100 根 / 厘米，投影宽度 0.10 毫米，弱 Z 捻；纬线密度 40 根 / 厘米，投影宽度 0.22 毫米，无捻，地部为八枚三飞经面缎，花部采用织金妆花工艺，为织金妆花缎。（图 37~39）

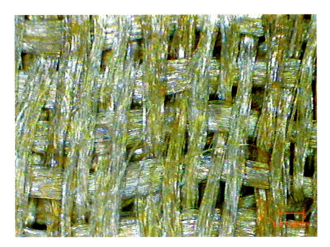

图 32　花蝶纹绫缎拼接夹被（M3：34）竖幅
面料地组织显微图（190×）

图 35　团二龙戏珠纹缀立领暗花绉绸夹袍
（M3：51）袖口里衬组织显微图（80×）

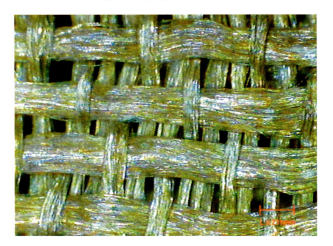

图 33　花蝶纹绫缎拼接夹被（M3：34）竖幅
面料花部组织显微图（200×）

图 36　团二龙戏珠纹缀立领暗花绉绸夹袍
（M3：51）袖口里衬组织结构线图

4. 总结

4.1　丝织品匹料

河阳社区墓地出土的丝织品主要出自 M1
中室和 M3 二室，分属不同墓主人，时代也不
同，在此需要分墓室分析织物的匹料情况。

M1 中室出土的素绢面料 3 件、素绉纱面
料 1 件、素缎面料 5 件、暗花绸面料 5 件、
暗花绉纱 2 件、暗花缎面料 2 件、暗花绫面

图 34　花蝶纹绫缎拼接夹被（M3：34）竖幅
面料组织结构线图

图 37　织金妆花缎蟒袍（M1：33）面料组织
显微图（80×）

图 38　织金妆花缎蟒袍（M1：33）面料花部
捻金线组织显微图（180×）

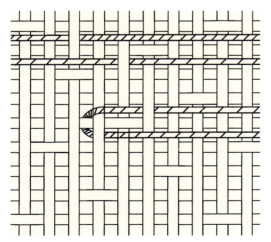

图 39　织金妆花缎蟒袍（M1：33）面料组织
结构线图

料 4 件。对组织结构相同的面料，从其经纬线密度、投影宽度、捻向、颜色、外观形貌、纹样等方面进行对比，发现 M1 中室出土的丝织物多为不同的匹料裁剪拼接而成，只有 2 件靴子和 2 件袜子面料相近，应为同一匹料裁剪缝制而成。此外，团五蝠捧寿纹暗花绫六品文官补褂（M1：32）的面料与团五蝠捧寿纹暗花绫夹袍（M1：36）的面料各方面都相近，应为同一匹料裁剪而成，这也是河阳社区墓地出土的丝织品中仅有的两件不同形制的服装使用同一匹料的文物。

M3 二室出土的素绢面料共 3 件、素绉纱面料 1 件、素绫面料 2 件、素缎面料 34 件、暗花绸面料 14 件、暗花缎面料 4 件、暗花绫面料 5 件。对组织结构相同的面料，从其经纬线密度、投影宽度、捻向、颜色、外观形貌、纹样等方面进行对比，发现 M3 二室出土的丝织物也多为不同的匹料裁剪缝制而成，只有 2 件靴子、2 件袜子和 2 件束手丝带面料各自相近，应为同一匹料裁剪缝制而成。

4.2　关于不同织物的用途

经过对这批丝织品的观察与分析发现，腰带、丝带主要选择质地柔软轻薄、抗皱性能较好的绉纱类织物；帽、靴、袜类则主要选择质地柔软有光泽的缎类织物；袍、褂、袄等的面料主要选择有光泽、纹样丰富的绫、缎类织物，或者厚度适中、布面平整的绢类织物；而袍、褂、坎肩、被褥等的里衬则多选择质地柔软轻薄的绸类织物，个别选择五枚素缎类织物。

4.3　两墓出土丝织物的对比

根据史料考证，M1 中室墓主人为刘氏家族的刘鼎和，生于乾隆元年十月十六日，卒于嘉庆二十五年；M3 二室墓主人应为刘氏家族的刘鼎臣，生于雍正十二年正月初九，具体去世时间已经无法考证，但是从出土层位关系来看，M3 二室要略早于 M1 中室。

根据补服的纹样分析，两室墓主人都曾任六品文官。但是 M3 二室出土的丝织品中有 13 种不同组织结构的织物，而 M1 中室出土的丝织品中只有 9 种。特别是 M3 二室中出土两件并丝袍（一件并丝绢袍、一件并丝绫袍），发展到 M1 中室时已经不复存在。即使是相同组织结构的织物，在纤维密度、投影宽度等方面也存在不同（表 1）。

表 1　M1 中室与 M3 二室织物纱线平均值对比情况表

织物类别	墓室	经线密度（根 / 厘米）	经线投影宽度（毫米）	纬线密度（根 / 厘米）	纬线投影宽度（毫米）
绢	M1 中室	65	0.15	40	0.19
	M3 二室	61	0.16	47	0.17
素绉纱	M1 中室	50	0.10	40	0.18
	M3 二室	60	0.11	40	0.17
八枚素缎	M1 中室	133	0.11	52	0.21
	M3 二室	167	0.09	60	0.18
暗花绉纱	M1 中室	71	0.14	35	0.17
	M3 二室	61	0.16	33	0.16
绸	M1 中室	63	0.14	50	0.18
	M3 二室	59	0.17	46	0.18
五枚暗花缎	M1 中室	100	0.10	28	0.26
	M3 二室	97	0.10	48	0.19
八枚暗花缎	M1 中室	125	0.08	60	0.23
	M3 二室	140	0.08	60	0.23
2/1S 地起 1/5S 花	M1 中室	71	0.11	47	0.24
	M3 二室	60	0.13	40	0.25
3/1Z 地起 1/3Z 花	M1 中室	94	0.11	33	0.20
	M3 二室	70	0.12	40	0.27

两墓出土的不同种类丝织品与两墓室主人的身份地位、经济能力及个人习惯爱好等有关，也与当时的织造工艺、社会风俗密切相关，这些都为研究当时该地区经济、文化、生活习俗提供了重要的考古资料。

附录五

沂南河阳社区墓地出土服装式样分析

刘 靓　范 琪　刘平平

沂南河阳社区墓地共出土清代服装 29 件，均为男款，涵盖帽、袍、褂、坎肩、衫、裤靴、袜等多个种类。根据出土时逝者的穿着顺序，本文分头衣、体衣、胫衣、足衣四个部分对出土服装的式样进行分析。

1. 头衣

清代冠帽按照用途可以分为礼帽和便帽，按季节又可以分为暖帽和凉帽。暖帽为圆形，四周有较宽的帽檐，帽檐上翻，檐下两侧有系带。帽顶布料多用绸缎、绒布等布料制成，帽檐有珍贵的黑貂皮、银貂皮、狐皮制成的，也有用低廉的剪绒布料加毡制成的。帽顶覆盖红色的帽纬，帽纬上有顶珠，顶珠是区别职位身份的标志。作为礼帽的顶珠下还会有一根两寸长的翎管，翎管中插花翎，花翎也是区别持有者地位的标志。M1 中室出土的一件暖帽，为缎地帽顶，黑色宽折檐，棕黄色帽纬，顶珠缺失。M3 二室出土的一件暖帽，也是缎地帽顶，黑色宽折檐，棕黄色帽纬，但顶珠和系带都保存完好。推测两件暖帽均为礼帽。

清代男性最常戴的便帽是如意帽又称瓜皮帽，冬春季节常采用较厚的布料，夏秋季节则使用较薄的布料制作。瓜皮帽顾名思义外形似瓜皮，一般是由六片相同的三角形布料缝合成瓜棱形圆顶或平顶，四周边缘镶有约一寸宽的帽檐，也有使用缎料镶边来代替帽檐的。如意帽有软胎和硬胎两种，软胎可以折叠，便于携带。M1 中室出土的一件如意帽，姜黄色，圆顶，帽体由八片等腰三角形布料和一条长方形布料（一寸宽的帽檐）拼接而成，属于缎地软胎帽型。

2. 体衣

2.1 短衫

M1 中室和 M3 二室两个墓主人下葬时，最里层均穿右衽、圆领、窄长袖、两侧开裾的短衫。服装都采用质地柔软的布料制成，M1 中室的短衫采用素绢织物，M3 二室的短衫采用五枚暗花缎织物，均为两侧开裾。从其穿着位置及面料来分析，短衫应为贴身衣物。

2.2 袍服

袍服是清代男女通用的款式，也是最常见的服装样式，常见的有礼服袍和常服袍。一般袍长过膝，圆领，右衽，前后或左右开裾，多为长袖，由于织造工艺的限制，匹料幅宽较窄，袍袖部位多有接袖。常服袍多采用窄袖或平袖，礼服袍多采用马蹄袖，也称箭袖。

常服袍采用窄袖有利于日常活动，而马蹄袖则是清代袍服的特色。马蹄袖是装在袖口上长下短形如马蹄的袖头。马蹄袖平时卷起，在晚辈拜见长辈、官员朝见皇帝等特殊场合时放下。两墓室主人在短衫外均穿着三件袍服，分别为 1 件窄袖长袍、2 件马蹄袖长袍。此外，M3 二室棺木中还陪葬有 1 件窄袖长袍和 2 件马蹄袖长袍。

两墓室主人分别穿着 1 件蟒袍下葬，彰显着生前的荣耀。M1 中室的蟒袍前后使用片金线共织有九条蟒形图案，主纹样中的坐蟒和升蟒为四爪，行蟒是五爪。M3 二室的蟒袍前后使用捻金线共刺绣有九条龙形图案，主纹样中的坐龙、升龙和行龙均为五爪。龙与蟒的区别，历来说法不一。通常认为四爪为蟒，五爪为龙。根据穿着的人不同，称谓不同，皇帝穿用的称之为龙袍，其他人则称为蟒袍。

袍服开裾的数量与穿着人的身份地位也有相关，一般皇族宗室开四裾，官吏士庶开两裾。墓中出土的马蹄袖礼服袍全是前后开裾，窄直袖的常服袍也都是左右开裾，均为两裾袍。

2.3 褂

长袍加褂是清代常见的穿着方式。褂有长短之分，穿在袍服外面。长褂多为圆领，对襟，衣长过膝。两座墓室共出土 3 件长褂，均为圆领，对襟，袖子宽大，长及肘部，袖口平齐，衣长过膝但短于袍服，左右及后片各开一裾，前襟上有 5 对扣襻。

三件长褂中有两件是带方补的褂服。补褂是清代有官职人员穿着的外褂，在前胸后背正中部位缀有补子。清代补子分圆补和方补两种。圆补用于贝子以上皇亲者，方补分为左右两半，均用于文官和武将等官员。根据官职地位不同，方补颜色及绣制的花纹也会有所区别。两件补褂的补子颜色虽已消褪，但其绣制的主纹样均为鹭鸶，应为六品文官方补。

2.4 坎肩

坎肩，又称马甲或背心。无袖、短小、衣长仅至腰部。清代的坎肩有大襟、对襟、琵琶襟等样式。有一种前襟在领下横作一字形，襟边横缀一排纽扣与过肩相连，称作"一字襟马甲"，也叫"军机坎"。因为襟边与两侧一共钉缀有 13 副纽扣，所以又称"十三太保"。这种服装原是穿在里面的，感觉热时解开衣襟上部及侧面的纽扣，即可将坎肩脱下，而不必先脱去外衣，后来也直接穿在外层，开襟方式也出现了对襟[1]。M1 中室出土 1 件坎肩，为圆领、对襟、左右开裾、衣长至腰，前身有三对扣襻，出土时穿在窄袖袍服的外面。

---

[1] 王明泽：《灿烂文化中国历史知识全书·中国古代的服饰》，北京科学技术出版社，1995 年。

2.5 袄

M3 二室出土 1 件小袄，提取时压放于逝者头下。小袄的形制与短衫相似，圆领、右衽、窄长袖、两侧开裾、长至腰间。唯一不同的是，短衫为单层或两层织物，而这件小袄是由面料和丝绵层组成，未发现里衬，应为冬季服装。

3. 胫衣

清代的裤子有套裤和合裆裤两种。套裤没有裤裆和裤腰，仅套在两条腿上，起保暖作用。合裆裤有单、夹、棉之分，多为男子穿。M1 中室和 M3 二室分别出土 1 件裤子，均为合裆裤。M1 的裤子为单层，无腰，裤脚平直，裤裆肥大，由六片面料拼接而成。M3 的裤子为双层，宽腰，裤脚平直，裤裆肥大，由七片面料拼接而成。

4. 足衣

足衣包括靴、鞋和袜。清代男性的鞋履，常服以鞋为主，公服则穿靴。靴筒的材料以缎织物为主，靴底一般较为厚重。清初流行方头靴，后期则流行尖头靴。清代的靴最初不许平常人穿，后来禁令放宽，官吏士庶都可穿着，但平民仆从等仍不许穿，平民一般穿蒲草鞋。M1 中室和 M3 二室各出土 1 双靴和 1 双袜。靴的形制相同，均由五片八枚三飞缎织物缝制而成。靴筒由两片布料组成，靴面则由三片布料组成。M3 的靴除靴筒外，还残留 2 只与靴体分离的靴底，应为通草底。袜的形制则不同，M1 的为团二龙戏珠纹暗花缎单袜，单面由五片布料拼接而成，袜底部位的布料缺失。单袜上部两侧各有 3 条辫线（应为左右各 6 条对捻形成 3 条辫子的效果）中间夹 8 根丝线，辫线整体宽约 0.90 厘米。M3 的是素缎单袜，单面由四片布料拼接而成，底部的布料缺失。左右两侧袜面各有五条纵向缝线，正面显露的针脚较小，背面针脚较大，较为松散。

5. 总结

在物质生活中，衣冠服饰是衣食住行之首，它最显著、最充分地表现着人们的身份地位，封建社会的等级制度在衣冠服饰上有极其强烈的反映，历代王朝都以"会典""律例""典章"或"车服制""舆服制""丧服制"等各种条文颁布律令，规范和管理各阶层的穿衣戴帽，从服装的质料、色彩、花纹和款式都有详尽的规定，不遗琐细地区分君臣士庶服装的差别。

衣冠服饰不仅仅是生活的消费品，也是尊卑贵贱等级序列的标志，所以衣冠之治实际上是衣冠之别，有关种种穿靴、戴帽、着装、佩饰的烦琐规定，莫不是深入到生活的每一细部，维持森严的阶级统治。清王朝正是在继承和强化了华夏衣冠之治的基础上，形成了清代独特的服饰制度。

附录六

沂南河阳社区墓地出土丝织物织款研究

秦 杰 刘 靓

丝织品作为文字的载体有很多种，除专门用作书写材料的丝织品外，还有通过织造、印染、刺绣等方式在织物上记录生产信息或表达美好愿望。采用书写、印染、刺绣方式在织物上记载信息是在匹料织造完成后再行加工，而织造文字则是利用经纬线在织布的过程中将文字信息织入匹料。织造的文字又分两种，一种是作为纹样形式，常使用吉祥寓意的文字，如著名的"五星出东方利中国""王侯合昏千秋万岁宜子孙"及常见的"寿"字等；另一种是作为机头织款的文字，主要是记录织物品种名称、作坊名、制造者等相关生产信息。

古代织物上出现的各式各样文字为研究织物年代、风格特征、生产情况提供了重要信息。沂南河阳社区墓地出土的丝织物中有五件在幅头部位织造文字，应为机头织款。

1. 机头织款

机头织款是指织物在织造时最开始的一小段，利用经纬线织入的与匹料本身纹样不同的文字或图案。这类文字或图案占整个匹料的很小一部分，往往包括织造者、作坊名、织物名称等相关的生产信息。机头织款与匹料本身的纹样之间有的隔一片空白，类似于书画中的隔水，有的与匹料自身纹样之间以简单的条纹相隔。

织款的出现应该与古代检验产品质量的"物勒工名"制度有关。先秦时期《礼记·月令》中记载"物勒工名，以考其成，工有不当，必行其罪，以究其情"。物勒工名是古代官营作坊的一种管理制度，在制造的器物上记录制造者的名字，如器物出现质量问题则有源可查。

目前，所见最早的织款实物是在明代织物上。现藏于美国费城艺术博物馆的明代佛经封面上织有"杭州局"的织款；定陵出土的红织金缠枝四季花卉缎的机头也织有"杭州局"的织款。这是目前所知最早有织款的官营作坊产品。此外，中国丝绸博物馆藏的龙纹暗花缎的机头部位中间织有"南京局造"，角上织有"声远斋记"和"清水"字样，"声远斋记"应为民间织造作坊名，"清水"则指其质量属于上品。这可能是当时官方委托民间织造作坊代织的实例[1]。

---

[1] 赵丰：《中国丝绸艺术史》，文物出版社，2005年。

2. 沂南河阳社区墓地出土丝织物上的织款

沂南河阳社区墓地出土的丝织物中共 5 件有织款，其中 M1 有 4 件，M3 有 1 件。

2.1　花蝶纹暗花绫夹袍（M1 ：35）

织款位于小襟面料的下摆处。经过辨识，文字为"延陵莱记"，文字沿经向织造，四周有一细一粗两条方形边框，边框的四角圆润美观，形似印章。单个织款长 5 厘米，宽 4 厘米，呈纬向排列，循环四次，每个织款之间相距约 5 厘米。织款与匹料自身的纹样间距较小，约 3 毫米，几乎没有分隔。从织造方式来讲，织款与匹料的自身纹样相同，均采用三上一下右斜纹地组织上起一上二下右斜纹花的形式显现。（图 1）

根据织款文字内容推测 "延陵"属地名，"莱记"应是织造匹料的作坊名。清代在江宁、苏州和杭州设立了专办宫廷御用或官用丝织品的织造局，史称"三大织造"。作为中国古镇之一的延陵，位于江苏省的南部，介于南京与苏州之间，环境适宜养蚕业的发展，清朝时期江南地区商品经济发达，且延陵距离两大织造局又较近，故而，推断此件服装的匹料可能是清代延陵地区的民间丝织业作坊为官方代为制作。

2.2　素绢无腰裤（M1 ：37）

织款位于裤脚部位。经过辨识，文字为"周恒福造"，采用平纹地组织上起三上一下右斜纹花的方式显现，文字呈纬向排列，无边框。单个织款长约 5.5 厘米，宽约 1.3 厘米，两个织款为

图 1　花蝶纹暗花绫夹袍（M1 ：35）织款

图 2　素绢无腰裤（M1 ∶ 37）织款

图 3　素绢单裤（M1 ∶ 41）织款

一个循环单元，相距约 2 厘米，单元循环之间相距约 4 厘米。单元循环内两个织款文字方向相反，一个自左向右排列，一个自右向左排列，即文字沿纬向自左向右排列与自右向左排列相间循环。织物上共有两个单元循环。推测文字应为民间作坊名称，这种织造排列方式不仅具有物勒工名的功效，还带有防伪功能。（图 2）

2.3　素绢单裤（M1 ∶ 41）

织款位于幅头部位。由于脱线严重，文字无法辨认，根据外观推测可能为四个字，同样采用平纹地组织上起三上一下右斜纹花的方式显现，呈纬向排列，无边框。一个织款长约 6.5 厘米，宽约 2 厘米，两个织款为一个循环单元，循环之间相距约 5 厘米，循环单元内两个织款间相距约 1 厘米。与素绢无腰裤（M1 ∶ 37）织款不同的是素绢单裤（M1 ∶ 41）单元织款内的两个织款文字方向是相同的。根据织款的制造方式及文字数量，推测此织款也应为民间作坊名称。（图 3）

图 4　素绢短衫（M1 ：42）织款

图 5　团二龙戏珠纹暗花绫夹袍（M3 ：32）织款

2.4　素绢短衫（M1 ：42）

织款位于小襟下摆边缘。经过辨识，文字为"东脐信置"，采用平纹地组织上起三上一下右斜纹花的方式显现。文字呈纬向排列，无边款。一个织款长约 6 厘米，宽约 1.5 厘米，两个织款为一个循环单元，共两个循环。循环单元内两个织款之间相距约 2.5 厘米，循环单元之间相距约 4.5 厘米。单元循环内两个织款文字方向相反，一组自左向右排列，一组自右向左排列，即文字沿纬向自左向右排列与自右向左排列相间循环。推测此织款应为民间作坊名称。（图 4）

2.5　团二龙戏珠纹暗花绫夹袍（M3 ：32）

织款位于后片里衬接片的下摆边缘。经过辨识，文字可能为"广源福置"，四周各有两条粗细相同的边框，边框的四角较平直，外观类似于印章。采用平纹地上起三上一下右斜纹花的方式显现，文字呈纬向排列，长约 7 厘米，高约 2.5 厘米。此织款应也是循环织款，但由于裁剪的需要，部分织款已被裁掉，只剩大部分，且外观为镜面反向，这与 M1 中室出土的花蝶纹暗花绫夹袍（M1 ：35）带边框织款方向不同。根据文字内容推断应为民间作坊名称。（图 5）

3. 总结

　　沂南河阳社区墓地出土丝织品上的织款，一件位于绫织物上，一件位于绸织物上，三件位于绢织物上。一件通过三上一下右斜纹地组织上起一上二下右斜纹花的形式显现文字，四件通过平纹地组织上起三上一下右斜纹花的形式显现文字，五件均采用经线显花技术。从目前发现的织款来看，织款在绢、绸、绫、缎等织物上均出现过，也就是说织款与织物种类没有特定的关系。从织物的织款来看，在规律的绫组织结构基础上显现的文字要比平纹地组织上整齐而明显。

　　有学者将机头织款分为物勒工名型织款、商标型织款和广告型织款。物勒工名型织款主要是官营作坊的一种制度，民间作坊也多有效仿，主要是织入地名、作坊名、品种名等文字；商标型织款除织入地名、作坊名、品种名外，还织入一些醒目的图案；广告型织款除织入以上内容外还织入一些广告用语[1]。沂南河阳社区墓地出土丝织品上的织款应为物勒工名型织款，织入的均为民间作坊名称。其中两件采用类似印章的形式织入，三件采用纯文字式织入。

　　官营作坊的机头织款主要是作为一种制度，检验产品质量或者问责。从这批出土的丝织品织款来看，除花蝶纹暗花绫夹袍（M1 ：35）的织款是同一织款循环四次之外，其余四件的织款均有文字方向的变化或者正反的变化，如素绢无腰裤（M1 ：37）的织款就是采用文字自左向右排列与自右向左排列相间循环的方式，团二龙戏珠纹暗花绫夹袍（M3 ：32）的织款虽然残留不全，但也可看出采用的是镜面反向方式。因此，这批出土丝织物的织款不仅具有物勒工名的作用，还带有防伪的功效，具有商标的某些功能，体现了一种信誉功用。

　　古代丝织品的织款具有较高的研究价值，对于研究古代的生产工艺、经济、社会制度等具有一定参考价值。此次，沂南河阳社区墓地出土的 37 件（套）清代丝织品中发现有五个织款，且形式多样，不仅有纯文字型的还有类似印章型的，这对于研究当时民间丝织品织造工艺、商业流通等情况提供了不可多得的实物资料。

[1] 刘安定、李强、邱夷平：《中国古代丝织物织款研究》，《丝绸》2012 年第 49 卷第 5 期。

后　记

2015 年 4 月，山东沂南河阳社区墓地出土丝织品保护修复方案经国家文物局正式批准。2015 年 10 月，由山东省文物保护修复中心、荆州文物保护中心、沂南县博物馆联合成立项目组，启动保护修复工作。项目总协调人：王传昌（山东省文物保护修复中心）；项目负责人：徐军平（山东省文物保护修复中心）；项目执行负责人：刘靓（山东省文物保护修复中心）；技术指导：魏彦飞（荆州文物保护中心）。项目组成员：徐军平、刘靓、魏彦飞、吕宜乐（沂南县博物馆）、范琪（沂南县博物馆）、丁相廷（沂南县博物馆）、刘平平（沂南县博物馆）。项目自 2015 年 10 月开始至 2017 年 3 月结束，用时 18 个月完成。

这批出土丝织品的保护修复过程严格按照国家文物局批准的方案执行。能够做到处理前对文物病害详细记录，采用先进仪器分析测试，撰写具有指导作用的实施方案，按照既定技术路线实施修复工作，保护修复方法、材料和工具保证对文物的损伤降到最低，成果达到方案预期目标，妥善保护了这批珍贵的丝织品文物。

需要特别指出，项目执行过程中，文物保护专家周宝中、李化元、吴顺清、铁付德、潘路、赵西晨、周小兵等亲临现场提供帮助和指导。本项目方案编制负责人荆州文物保护中心魏彦飞博士对清理、修复工作中的疑难问题，提供了强有力的技术支持。沂南县文化广电新闻出版局的领导多次到修复现场视察、指导工作。沂南县博物馆馆长吕宜乐先生积极协调工作，馆内业务部、安保部给予了大力支持，为该项目顺利进行提供了便利条件。在整理资料过程中，丝织品文物的重新定名得到了故宫博物院阮卫萍老师、王旭女士的大力帮助，在此表示谢忱！山东省文物保护修复中心的秦杰、刘建国、王云鹏、王笑四位同志对部分纹样图的精细描绘，使得文物的细节部位能够更加完美地呈现。

为全面、完整地记录保护修复过程，挖掘丝织品文物的内在价值，我们撰写完成《煌煌锦绣——沂南河阳墓地出土丝织品保护修复与研究》一书，力求通过在工作中的探索和实践，为同行提供有益的借鉴。

全书共分为四个章节。撰写与审稿人员具体分工如下：

序由周晓波完成；

第一章由吕宜乐、魏彦飞完成；

第二章由魏彦飞、徐军平、李力完成；

第三章由徐军平、刘靓、范琪、丁相廷、刘平平完成；

第四章由徐军平、刘靓、周坤、秦杰完成；

附录一《沂南河阳社区清代墓地主人身份考证》由吕宜乐、卢朝辉完成；

附录二《绣金龙吉祥纹绫蟒袍分析研究》由徐军平、卢朝辉完成；

附录三《沂南河阳社区墓地出土丝织品织绣纹样图案探究》由徐军平、丁相廷、周坤完成；

附录四《沂南河阳社区墓地出土丝织品组织结构鉴定与研究》由刘靓、徐军平完成；

附录五《沂南河阳社区墓地出土服装式样分析》由刘靓、范琪、刘平平完成；

附录六《沂南河阳社区墓地出土丝织物织款研究》由秦杰、刘靓完成；

后记由王传昌完成；

成书后，由王传昌对全书进行通审、定稿。

由于水平有限，在成书过程中难免出现错误与疏漏之处，恳请专家、学者和同行们指正。

王传昌

2017 年 10 月